Il Colloquio di Lavoro

Lettera di presentazione

Curriculum Vitae

Colloquio di lavoro

Domande e Risposte

LA GUIDA COMPLETA PER TROVARE LAVORO

Hayden Land   - Freddy Writing

SOMMARIO

Introduzione

Trovare un lavoro non è un compito facile; ci vuole molta dedizione e duro impegno. Tuttavia, è del tutto possibile. Con un po' di conoscenza e pratica, è possibile creare una lettera di presentazione che vi farà notare, scrivere un curriculum vitae che attirerà l'attenzione sui vostri punti di forza, condurre un colloquio di lavoro che illustri come voi siate la persona perfetta per quel lavoro e completare l'intervista con tutte le sue domande con maggior fiducia per aumentare le vostre probabilità di successo. All'interno delle pagine di questo libro, troverete tutte le informazioni necessarie per avere successo, tutto ciò che è necessario per realizzare i vostri sogni.

Capitolo 1: Come trovare il lavoro giusto

"Le opportunità non capitano. Le create voi." – (Chris Grosser)

Sia che tu sia solo all'inizio della tua carriera o che tu stia cercando di trovare un nuovo impiego avendo una determinata esperienza, quando si cerca un nuovo lavoro, tutti noi ci chiediamo cosa vogliamo. "Cosa voglio fare della mia vita? "In cosa sono bravo? "Questo mi renderà felice?" Queste domande che ci poniamo sono solo la punta dell'iceberg.

Molti di noi hanno centinaia o migliaia di possibilità quando si tratta di ottenere un lavoro.

Mentre le nostre possibilità a prima vista possono apparire limitate, quando ci sediamo a riflettere davvero e guardiamo le varie opzioni sul tavolo, vediamo quanto sono vaste le nostre possibilità. Naturalmente, tra queste opzioni, ce ne saranno molte a cui non siamo adatti. Per esempio, potreste avere le capacità matematiche per diventare ragionieri, ma le esigenze del lavoro potrebbero causarvi un eccessivo stress. D'altra parte, potreste scoprire che un lavoro come receptionist, nonostante non paghi bene, vi può lasciare soddisfatti e capitalizzare la vostra capacità comunicativa. Abbiamo tutti molte scelte, però, la scala dei pro e contro varia da lavoro a lavoro per ogni singolo individuo.

In questo capitolo, imparerai come decidere per quale carriera e per quale posizione lavorativa sei più adatto. Puoi scoprirlo attraverso una serie di domande introspettive, che ti aiutano ad apprendere i tuoi punti di forza, le tue debolezze, i tuoi bisogni e i tuoi desideri.

Dopo aver saputo per cosa sei più adatto, puoi affrontare nel miglior modo la ricerca di un lavoro, sia online, sia attraverso le agenzie, o anche sui giornali. Infine, imparerai come restringere le tue scelte una volta che avrai trovato delle prospettive di lavoro. Una volta valutati i pro e i contro di ogni posizione lavorativa, potrai dedicarti a conquistare un posto di lavoro che possa soddisfare tutte le tue esigenze.

Quando ci rendiamo conto per la prima volta del numero di possibilità che abbiamo nella nostra vita, restiamo scioccati. Avere delle opzioni è meraviglioso, rendersi conto di poter cambiare la propria vita è eccitante ma, allo stesso tempo, sapere che questa decisione avrà un grande impatto e modificherà la nostra vita può rendere chiunque ansioso e stressato. Cominciamo a temere che prenderemo la decisione sbagliata e che, una volta fatto questo, le porte delle opportunità ci saranno chiuse. Sopraffatti da questa ansia, lottiamo per prendere una decisione, perché vogliamo mantenere aperte tutte le nostre possibilità.

Ma la verità è che a volte dobbiamo semplicemente saltarle e decidere. Questo può significare l'impegno a completare un percorso scolastico (come una laurea per il settore prescelto) o scegliere un lavoro tra più offerte di lavoro. In entrambi i casi, alla fine dobbiamo "accontentarci" di prendere una decisione.

Noi siamo tutti artisti. Sai qual è la principale abilità di ognuno di noi?

L'arte del procrastinare, del rimandare, dell'indecisione.

Quando ci accorgiamo di avere molte scelte, le utilizziamo per evitare di prendere una decisione.

Ricorda inoltre che una decisione non implica il non ritorno sui propri passi in un secondo momento. Se, in seguito, deciderai di reinventarti e iniziare una nuova carriera, questo è perfettamente possibile e accessibile! Facendo una scelta, non ti stai legando o limitando il tuo futuro, ma piuttosto facendo una scelta ti avvantaggerai indipendentemente da dove la vita ti porterà la vita. Una volta che prendi una decisione ti stai aprendo a possibilità, quindi, non c'è nulla da temere!

Dopo tutto, anche se decidi di cambiare lavoro in futuro, potrai sempre usare la tua carriera attuale per rafforzarti economicamente ed aumentare i tuoi punti di forza, imparando a compensare le tue debolezze e ampliando il tuo curriculum.

Se sei indeciso e non sai come effettuare la tua scelta prova a NON domandarti cosa vorresti fare per tutto il resto della tua vita. Prova invece a chiederti cosa non vuoi fare ora. Scrivere su un foglio tutto ciò che non si vuole fare e perché, ti aiuterà ad analizzare meglio i tuoi pensieri e a pensare più chiaramente. Inquadrando la domanda in questo modo, è possibile contribuire a restringere le tue scelte e impedire di essere sopraffatti da troppi dubbi. In questo modo potresti anche individuare meglio cosa ti potrebbe rendere infelice nel lungo periodo e quindi fare una scelta migliore per il tuo stile di vita e il tuo benessere.

Per esempio, ti piacerebbe fare il barista?

Prova adesso a sostituire la domanda con la seguente affermazione: non voglio svegliarmi all'alba per andare a lavorare.

Capirai bene che la domanda precedente non ha più senso di esistere.

Decidere su una posizione lavorativa è una decisione importante. Tuttavia, facendoti le giuste domande, puoi aumentare notevolmente le tue possibilità di trovare la corretta soluzione.

Scegliere una carriera o un nuovo lavoro richiede una grande quantità di autovalutazione. Ciò significa che è necessario avere una buona comprensione di sé stessi, delle proprie esigenze, dei propri punti di forza e delle proprie debolezze. Per molti di noi, possiamo vedere fin troppo chiaramente le nostre debolezze, ma abbiamo difficoltà a vedere i nostri punti di forza. Altri possono avere il problema opposto, dove possono capire i loro punti di forza ma non le loro debolezze. Entrambi questi punti di vista sono sbilanciati e dobbiamo cercare di bilanciarli in modo da poter vedere chiaramente e sinceramente.

Se non riuscite a vedere chiaramente i vostri punti di forza o di debolezza, nonostante abbiate provato a fare una buona autovalutazione, provate a chiedere l'opinione a chi vi è più vicino. Chiunque ti vede regolarmente potrebbe essere in grado di aiutarti a capire chi sei in realtà agli occhi degli altri, ad esempio meraviglioso nel trattare con le persone o nel risolvere i conflitti. Oppure, potrebbero aiutarti a capire che hai la debolezza di essere troppo schietto, il che può portare alle persone con cui stai parlando una sensazione di disagio.

Mentre vi state auto valutando cercate di considerare quanto segue:

Punti di forza:

Cercate di individuare le competenze dettagliate in cui credete di essere abili o che vi danno un vantaggio rispetto alla concorrenza. Queste possono essere abilità che hai imparato attraverso la formazione e l'istruzione o che hai sviluppato da solo nel corso del tempo. Per esempio, i punti di forza possono includere la competenza in PhotoShop, Microsoft Word o WordPress o qualsiasi altro programma specifico.

Ma possono anche includere esperienze in precedenti lavori, nel volontariato e nella vita di tutti i giorni, come l'esperienza nella pubblicità, nei social media, nell'uso di un registratore di cassa o nel servire i clienti. Infine, può includere tratti caratteriali che avete sviluppato nel tempo, come la pazienza, la comunicazione, la creatività, la dedizione, l'onestà e l'entusiasmo.

Analizza i tuoi punti di forza nelle tue abilità ed esperienze.

Punti di debolezza:

Analizzare le nostre debolezze può essere difficile, sia perché siamo troppo consapevoli e critici nei confronti di queste debolezze, sia perché puntiamo solo sui nostri punti di forza. Ma, è fondamentale comprendere le nostre debolezze, e per questo motivo, è anche probabile che vi venga chiesto quali sono le vostre debolezze in un colloquio di lavoro. Dopo tutto, un potenziale datore di lavoro vuole assicurarsi che il suo potenziale dipendente abbia una visione chiara di sé stesso. Queste debolezze vi permetteranno di trovare un lavoro che vi si adatta al meglio, in quanto sarete in grado di trovarne uno per il quale le vostre debolezze sono insignificanti, oppure sarete in grado di trovare modi in cui crescere e compensarle.

Ricordate, queste debolezze non sono qualcosa per cui sentirsi giù o criticare sé stessi. Tutti noi abbiamo punti di forza e di debolezza, e ciò che è importante è come li trattiamo.

Alcune possibili debolezze che potreste voler considerare includono l'essere eccessivamente critici verso voi stessi o gli altri, tendenze alla procrastinazione, l'eccessiva onestà, il perfezionismo, la schiettezza, la tendenza ad essere in ritardo, la sensibilità eccessiva, difficoltà con il parlare in pubblico, scarsa ortografia, incapacità di gestire la spontaneità, o una mancanza di familiarità con i vari programmi informatici necessari nel campo di vostra scelta.

Interessi:

Sapere cosa ti appassiona e ti soddisfa è vitale se vuoi trovare un lavoro che ti piaccia veramente. Certo, un lavoro sarà sempre un lavoro e ci saranno giorni difficili, ma se trovi un lavoro che corrisponde ai tuoi interessi, troverai tutto più piacevole e più semplice superare i momenti difficili. Inoltre, i datori di lavoro amano assumere persone che sono eccitate e appassionate della loro carriera, perchè questa passione si mostrerà attraverso il vostro lavoro.

Sei appassionato nel lavorare con il cibo, nel piacere ai clienti, nello scrivere programmi, o nel creare arte o aiutare gli animali? Scrivi quante più passioni e interessi che ti vengono in mente, poiché non sai mai quale di queste passioni e interessi ti potrebbe fornire un lavoro. Ad esempio, forse sei appassionato di animazione giapponese e conosci un'ampia varietà di anime e manga. Mentre la maggior parte delle persone può considerare questo solo un hobby, ci sono un gran numero di lavori in questo campo, anche in America. Si potrebbe avere l'opportunità di lavorare sulla pagina social media di uno studio di doppiaggio americano o europeo, diventare il receptionist di uno di questi studi, o una serie di altre posizioni.

Personalità:

Conoscere la propria personalità è estremamente importante quando si tratta di ottenere un lavoro. Conoscendo la tua, puoi scoprire se sei estroverso o introverso, analitico o creativo. È possibile trovare molti test per aiutarvi a trovare la vostra personalità (le 16 personalità MBTI online) ma, dopo aver fatto il test, assicuratevi di leggere attentamente i risultati per assicurarsi che corrispondano alla vostra vera personalità. Alcune persone possono rispondere alle domande senza una chiara comprensione di sé stessi, il che porta ad un risultato errato.

Una volta trovata la tua personalità MBTI, puoi trovare molte risorse di lavoro online dedicate specificamente al tuo tipo di personalità.

Con questa conoscenza, potete sapere che se siete un INFP, molto probabilmente trarrete beneficio da un lavoro significativo e creativo che potete fare da soli o con un'altra persona, ma un lavoro che sia flessibile. D'altra parte, un ESTJ beneficerà molto probabilmente di un lavoro che ha un ambiente altamente strutturato in cui può lavorare con altre persone. Queste persone eccellono come manager e amministratori.

Mentre gli INFP sono spesso attratti dalle carriere nel campo dell'arte, questa è spesso una cattiva idea per gli ESTJ, anche se sono artisti di talento. Come potete vedere, la vostra personalità gioca un ruolo importante in cui i lavori che vi piacciono e in cui eccellere. Controlla su MBTI per trovare il tuo tipo di personalità e imparare come applicarla alla tua carriera.

Valori:

Capire cosa si vuole dal proprio lavoro e dalla propria vita è fondamentale per scegliere la giusta carriera e il lavoro giusto. In realtà, molte persone teorizzano che se si vuole trovare una carriera veramente appagante e che ti soddisfi, allora dovresti prima considerare ciò che apprezzi. Una volta che hai capito su cosa attribuisci il maggior valore, allora puoi analizzare se una potenziale carriera o opportunità di lavoro si allinea o meno con questi valori.

Apprezzi la sicurezza finanziaria, la flessibilità degli orari, l'indipendenza, la creatività, le interazioni personali, l'avventura, un ambiente di lavoro divertente, la posizione, l'impatto positivo sul mondo che ti circonda, lo status quo delle attività quotidiane, il passaggio da un giorno all'altro, il lavoro di squadra o un ambiente senza stress?

Ambizioni:

La maggior parte delle persone ha ambizioni per la propria carriera o per la vita in generale. Forse si desidera una famiglia e stabilirsi con i bambini, un cane, e possedere la propria casa. Per alcune persone, questo può non sembrare un grosso problema, ma per i Millennials e le generazioni più giovani, questo sogno può essere difficile da realizzare. Eppure, se si comprendono le proprie ambizioni, è più facile trovare un lavoro che ti aiuterà a trasformare i sogni in realtà.

Altri esempi di ambizioni includono la proprietà della propria attività, il riconoscimento tra pari, la padronanza di una competenza o campo, o posizioni specifiche come CEO, editor esecutivo, o essere a capo del tuo dipartimento.

Vincoli:

Conoscere i tuoi vincoli ti aiuterà a sapere automaticamente quali opportunità di lavoro e di carriera non funzioneranno per te, permettendoti quindi di spendere meglio il tuo tempo in modo produttivo. Questi vincoli possono essere la posizione geografica, i limiti finanziari, le responsabilità familiari, l'istruzione o le qualifiche che non corrispondono ai tuoi punti di forza, o la disabilità. Pensate attentamente alla vostra situazione e a cosa potrebbe impedirvi di dire "sì" a un lavoro, anche se altrimenti perfetto. Avendo una lista di questi vincoli, saprete meglio per quali lavori non dovreste candidarvi.

Bisogni:

Fai una lista di ciò che un lavoro deve soddisfare. Per fare questo, è necessario conoscere il reddito minimo che si accetterebbe, quanto lontano da casa si è disposti a spostarsi, cosa si può gestire fisicamente, il numero massimo di ore che si è disposti a lavorare, quanto rigido o flessibile il vostro orario deve essere, e se il lavoro possa richiedere un eccessivo sforzo mentale ed emotivo.

Si dice che che se fai un lavoro che ami allora non lavorerai mai un giorno della tua vita, ma questo non è certamente vero. In primo luogo, che amiate o meno il vostro lavoro, è ancora lavoro. Ti stancherai ancora, richiedendo riposo e pause. Dovrai ancora lottare con le difficoltà, che si tratti di trattare con i clienti o di lottare per trovare un nuovo concetto creativo. La verità è che, amando o meno il nostro lavoro, di tanto in tanto lotteremo tutti con esso.

Tuttavia, se trovi un lavoro che ti appassiona, puoi entusiasmarti per i nuovi progetti, puoi sentirti soddisfatto del tuo impegno e puoi sentirti felice di sapere che nel tuo lavoro fai la differenza. Tuttavia, anche se si sceglie un lavoro che non appassiona in questo momento, molte persone sviluppano questa passione in seguito. Dopo tutto, ci sono molte persone che sono completamente all'inizio del loro percorso lavorativo e senza alcuna esperienza precedente. Mentre all'inizio non sapevano cosa amare del percorso professionale scelto poi, dopo aver scoperto la soddisfazione che ricevono dal loro lavoro, possono sviluppare questa passione.

Quindi, anche se non sei appassionato di un lavoro, se trovi che si abbini bene con le risposte ai tuoi punti di forza, alle tue debolezze, alla tua personalità, ai tuoi valori, alle tue ambizioni e ai tuoi bisogni, allora potresti essere piacevolmente sorpreso, scoprendolo in un secondo momento tanto interessante da essere soddisfatto e contento del tuo lavoro.

Mentre noi tutti vogliamo un lavoro appagante e soddisfacente, troppo spesso le persone non riescono o non provano ad esaminare sé stesse. Questo è un errore. Infatti mentre tutti i lavori possono avere i loro svantaggi, se ci conosciamo, allora possiamo trovarne uno con relativamente pochi svantaggi e molti più aspetti positivi. Per poter far ciò devi essere disposto a mettere in primo piano il lavoro creando una visione chiara di te stesso e scrivendo chiaramente tutto ciò che scopri su di te. Non deviare da questo compito, perché prendendoti oggi il tempo di analizzarti ed auto valutarti, questo può essere un gran vantaggio per gli anni a venire.

Se non sei alla ricerca di un nuovo lavoro ma speri di cambiare la tua attuale carriera, passa del tempo a scrivere una lista di cose che ti piacciono e non ti piacciono della tua attuale posizione, insieme alle abilità che hai imparato e che possono essere trasferite ad un'altra posizione. Alcune persone possono essere scoraggiate quando cambiano lavoro, soprattutto se la loro precedente scelta lavorativa non si è rivelata essere tutto ciò che speravano. Ma questo è solo qualcosa di cui essere entusiasti, non c'è da scoraggiarsi! Dopo tutto si ha una migliore comprensione di sé stessi, dei bisogni, dei punti di forza, delle debolezze, dei valori, delle ambizioni e dei propri limiti. Quando un giovane entra nel mondo del lavoro, non conosce le risposte a queste domande e non si preoccupa di esaminarsi per imparare. Eppure, avanzando con gli anni e con le esperienze, si imparano alcune delle risposte a queste domande attraverso il lavoro quotidiano.

Non solo si ha una visione migliore di sé stessi quando cambi carriera, ma si ha anche l'opportunità di imparare di più. Mentre alcune competenze non sono trasferibili da una carriera ad un'altra, ce ne sono molte altre che puoi usare in tante circostanze. Per esempio, forse hai lavorato in passato in un negozio di alimentari. Durante il vostro tempo a lavorare lì potreste aver imparato il servizio clienti, il lavoro di squadra, la comunicazione, l'organizzazione e molto altro ancora. Queste sono tutte competenze che possono essere utilizzate in una serie di lavori totalmente diversi, e che rafforzeranno il tuo curriculum e la tua posizione in un colloquio di lavoro.

Dopo l'autoanalisi è arrivato il momento di scavare più a fondo ed analizzare le varie opportunità di lavoro.

A questo punto, molto probabilmente hai un'idea generale del settore, ma vorresti avere delle conoscenze più specifiche per poter valutare se quel determinato lavoro può o meno fare al caso tuo.

Per saperne di più su un potenziale lavoro puoi seguire altre persone che lavorano in quel settore sui social media, puoi leggere post e articoli sui blog, trovare video su YouTube che descrivono in dettaglio i vari lavori direttamente sul campo, parlare con persone che potresti conoscere e trovare libri online o nella tua biblioteca locale. Potresti anche scegliere di raggiungere potenziali aziende e chiedere loro di più sulle loro opportunità di lavoro e di carriera. Ricordate solo che quando fate questo, l'azienda è più parziale rispetto alla ricerca che trovate online e nei libri. L'azienda sta cercando di fare una buona impressione, mentre molte persone parlano sia dei pro che dei contro di un dato campo, dandoti un punto di vista più equilibrato.

Per saperne di più su una futura carriera, ecco alcune cose che è possibile fare:

- Leggere articoli e blog
- Guardare video su YouTube.
- Fare domande su Reddit o Quora.
- Guardare le interviste degli influencer in quel settore.
- Seguire persone che lavorano in quel campo sui social media
- Rivolgersi agli influencer del settore chiedendo se sono disposti a rispondere ad alcune domande.
- Leggere libri sull'argomento.
- Chiedere informazioni ad amici o conoscenti che conoscono quel settore
- Ricercare su Google "giornata tipica di un [professione]".

- Parlare con un consulente scolastico

- Frequentare gli incontri industriali.

- Candidarsi per I tirocini

Una volta completata questa ricerca, dovresti essere in grado di determinare quale carriera è più adatta a te o a quale lavoro sei più interessato. Tuttavia, a volte, può risultare ancora difficile per le alcune persone decidere. Se ti imbatti in questo problema, cerca di creare una lista di pro e contro per ciascuna delle carriere di cui stai discutendo. Dopo aver visto i pro e i contro in bianco e nero, dovresti essere in grado di prendere più facilmente una decisione.

Dopo aver finalizzato la tua decisione è il momento di iniziare a cercare lavoro. Questo può essere un processo stressante. Ma, visto che può essere stressante, vale la pena trovare il giusto lavoro. Sia che vi candidate per le candidature pubblicate online o sui giornali, che vi rivolgiate alle agenzie interinali ci sono molti modi per ottenere il vostro prossimo lavoro.

In primo luogo, non importa il metodo che scegli di utilizzare per cercare un lavoro, cerca di creare una lista dei desideri delle aziende con cui vorresti lavorare. Per esempio, se sei nel settore dell'animazione, potresti voler lavorare con DreamWorks Studio o Disney. Anche se in precedenza potresti non essere stato a conoscenza di varie aziende del settore, dopo aver fatto ricerche sulla tua posizione lavorativa, dovresti avere un'idea delle aziende migliori, così come delle start up. Se non hai un'idea, fai una ricerca su Google sulle varie aziende del settore. Poi, crea una lista delle aziende per le quali vorresti lavorare e scrivi il perché. Questa lista ti aiuterà, perché anche se non andrete a lavorare con una di queste aziende, potreste essere in grado di trovarne una che condivide le principali caratteristiche.

Quando sei alla ricerca di un lavoro, cerca di fissare in mente i seguenti punti:

- **Creare un Brand professionale online** Cpostruite il vostro profilo professionale su LinkedIn e su altri siti web di networking professionale. Molti datori di lavoro utilizzano questi siti quando cercano potenziali dipendenti e voi dovete essere sicuri che il vostro profilo sia compilato bene. È anche una buona idea ripulire i social media regolari, in modo da non avere niente che possa allontanare i potenziali datori di lavoro.

- **Connect-Online**
Non solo creare profili su siti web professionali in rete, ma anche connettersi su di essi. Puoi aggiungere qualcuno che conosci come amico, questo potebbe aiutare i potenziali datori di lavoro a scoprire il tuo profilo. Potresti anche provare a contattare, inviare messaggi e inviare una richiesta di amicizia a persone che hanno un lavoro nel campo desiderato.

- **Relevant-Search-Results**
Durante la ricerca di offerte di lavoro, cerca di essere il più dettagliato possibile nei tuoi criteri di ricerca, in quanto questo ti aiuterà a trovare opportunità più rilevanti. Dopo tutto, non si vuole passare attraverso troppi step per poi scoprire che si tratta di un lavoro indesiderato. Pertanto, cercate di utilizzare parole chiave utili e la posizione lavorativa esatta per trovare i risultati che meglio si adattano alle vostre esigenze.

- **Sfruttare   le   risorse   locali**
Spesso si possono utilizzare risorse locali per aiutarti a trovare lavoro. Questo include la biblioteca, le bacheche all'interno delle università, la Camera di Commercio locale e anche le agenzie di collocamento. Queste sono particolarmente utili per le persone che sanno di voler lavorare localmente, senza bisogno di spostarsi.

- **Non   esitate   mai   a   domandare   un   aiuto**
Se non siete sicuri se un'azienda ha una posizione lavorativa aperta non esitate a chiedere. La maggior parte delle aziende

sarà lieta di trasferirvi nel loro ufficio del personale, dove potrete chiedere informazioni e fare domande. Con molte aziende, è necessario prima chiamare e chiedere un appuntamento. Tuttavia, con le aziende aperte al pubblico (come i negozi), potete entrare direttamente e chiedere di parlare con il responsabile delle assunzioni. In questo caso, molti dei manager saranno lieti di aiutarvi a compilare un modulo di candidatura.

Se si sceglie di cercare lavoro online, cosa che molte persone nella società moderna di oggi fanno, allora è importante non limitarsi. Spulciare qualsiasi sito è determinante per accrescere le proprie possibilità di trovare una posizione lavorativa interessante.

Diffidate però dai siti con molte pubblicità e da quei siti che propongono sempre e solo lavori indesiderati: in Italia ce ne sono moltissimi (qui non facciamo nomi) che in realtà propongono annunci non veritieri e a volte totalmente inventati.

Fatevi furbi ed imparate a riconoscerli, poi annullate le iscrizioni affinchè non possano più inviarvi email.

Di certo tra i migliori siti per cercare lavoro online ci sono

- **LinkedIn.Com**
  Uno dei più grandi e più noti siti web per annunci di lavoro è LinkedIn. Questo perché non è solo per l'inserimento o le ricerche di lavoro, ma è anche un social network professionale. Ottimo anche se quello che si può fare con una versione gratuita di LinkedIn è limitato, e la versione a pagamento è piuttosto costosa per quello che ottiene. Si può scegliere di rimanere con una versione gratuita, oppure si può semplicemente acquistare un abbonamento a pagamento per la durata della ricerca di lavoro, che si può poi non rinnovare dopo essere stati assunti.

- **Indeed.Com**
  Uno dei principali siti web di annunci di lavoro, infatti ha

applicazioni per migliaia di aziende e siti web. Questo include annunci di lavoro da tutto il web, schede di lavoro, siti professionali, associazioni e annunci di giornali. Indeed aiuta a centralizzare molte fonti di candidature in un unico sito web.

- **Idealist.Com**
  Con Idealist, puoi trovare facilmente opportunità senza scopo di lucro, come stage e opportunità di volontariato. Mentre alcune persone potrebbero non essere in grado di permettersi di trascorrere il loro tempo in una posizione non-profit, se te lo puoi permettere, allora può essere una grande opportunità. Con queste opportunità, puoi affinare le tue capacità, creare connessioni, entrare in azienda, allungare il tuo curriculum e decidere se vuoi candidarti o meno per una posizione retribuita presso l'azienda. Ideale per chi cerca una posizione all'estero.

Oltre alla ricerca online, puoi anche scegliere di cercare lavoro nella sezione lavoro dei giornali locali. Questo può sembrare inutile quando ci sono così tante risorse online, ma credeteci, ci sono molti lavori che si trovano solo sul giornale locale. Questo perché, mentre molte aziende hanno iniziato a utilizzare i loro siti web aziendali e siti web di quotazione, altre sono rimaste al vecchio stile di comunicazione. Questo è particolarmente vero per le imprese in fase di avviamento, per le piccole e vecchie imprese e per le imprese nelle città più piccole. Per esempio, mentre si può essere in grado di trovare molte opportunità online a Roma, se non si vive in una delle città più grandi, è quasi certo che troverete maggiori opportunità sui giornali locali o nelle bacheche all'interno dei bar.

Anche se c'è solo una piccola possibilità di scoprire una opportunità di lavoro nel giornale, non si deve rinunciare. Inoltre, è facile da trovare e poco costoso acquistare un giornale.

Infine, è possibile utilizzare un'agenzia interinale per aiutarvi a trovare una posizione. Mentre alcune persone credono che queste agenzie aiutino le persone a trovare lavoro temporaneo solo in posizioni di base, questo non è vero. Infatti, queste agenzie possono aiutare molto una persona a trovare un impiego a lungo termine a qualsiasi livello. È possibile trovare lavoro da qualsiasi posizione, sia che si tratti di entry-level o CEO. Possono anche aiutarti a trovare posti di lavoro a tempo indeterminato in quasi tutti i settori industriali.

Ovviamente molto dipenderà dalle proprie capacità.

È quindi possibile utilizzare l'agenzia per candidarsi a un lavoro specifico o cercare un lavoro in generale, indipendentemente dal fatto che si abbia o meno un'idea di ciò che si desidera. Se siete assunti tramite l'agenzia del personale, allora lavorerete per l'azienda mentre l'agenzia vi paga per loro conto. Poi, se l'azienda decide che siete un buon investimento vi assumerà in modo permanente.

Ci sono molti vantaggi nell'utilizzare un'agenzia di collocamento, tra cui:

- **Sono gratuite e non comportano costi** Mentre alcuni siti web costano soldi a una persona per visualizzare e candidarsi alle offerte di lavoro, con un'agenzia di lavoro interinale, è possibile trovare lavoro e farsi assumere senza alcun sacrificio economico.

- **Trovare un lavoro senza cercarlo direttamente** Quando vi recate in un'agenzia, vi chiederanno la vostra esperienza e le vostre capacità, e vi contatteranno quando avranno qualcosa che si adatta alle vostre esigenze. Questo ti permette di trovare un lavoro e di essere assunto senza dover fare direttamente la ricerca.

- **Un buon ventaglio di posizioni lavorative** Ci sono molti tipi diversi di agenzie di lavoro e alcune di queste agenzie scelgono di specializzarsi in settori specifici. Per esempio, si può decidere di andare in un'agenzia specializzata nel settore tecnologico.

- **Benefici**
  Se si sceglie di lavorare con un'agenzia è possibile ricevere benefici, anche se si passa da un lavoro temporaneo a quello successivo. Molte di queste agenzie forniscono rimborsi per le tasse scolastiche, assicurazione sanitaria e/o piani di pensionamento. Questo permette alle persone di passare da un lavoro temporaneo a un lavoro temporaneo, pur continuando a soddisfare le loro esigenze finanziarie.

- **Sono un valido aiuto per migliorare**
  Invece di essere lasciati soli, le agenzie di collocamento vi aiutano lungo il percorso, fornendovi un feedback durante l'intero processo. Possono aiutarvi e consigliarvi su come migliorare la vostra lettera di presentazione e il vostro curriculum vitae e a guidarvi attraverso il processo del colloquio di lavoro in base a determinate posizioni lavorative. Dopotutto loro conoscono le aziende e sanno direttamente ciò che stanno cercando. Questo feedback può essere prezioso, soprattutto per le persone che hanno difficoltà a valutare i propri punti di forza e di debolezza.

- **Tante-opportunità**
  È possibile lavorare temporaneamente, ad esempio quando i dipendenti abituali di un'azienda sono in congedo per un periodo di tempo o quando si trovano nel bel mezzo di un duro periodo di lavoro. Molte aziende assumono lavoratori temporanei per progetti a breve termine. Un'altra posizione comune è l'assunzione a tempo determinato, in cui si viene assunti a titolo di prova e, se si lascia una buona impressione, l'azienda sarà lieta di assumervi. Infine, potete essere assunti per le tradizionali posizioni di lavoro a tempo indeterminato.

Quando siete alla ricerca di lavoro assicuratevi in che tipo di posizioni è specializzata l'agenzia di collocamento per sapere se offrono posti di lavoro temporanei, a tempo determinato o a tempo indeterminato. Mentre alcune aziende si specializzano in una o due di queste tre opzioni, altre offrono servizi per tutte e tre.

Per trovare le agenzie di collocamento, potete facilmente fare una rapida ricerca su Google digitando "agenzie di collocamento in [inserire città]", e troverete tutte le opzioni disponibili. Da qui, potete leggere i siti web delle agenzie per ottenere maggiori informazioni e cercare le recensioni delle persone che hanno lavorato con loro.

Non esitate a fare un colloquio con un'agenzia di collocamento per saperne di più su di loro. Se le informazioni che trovate online non sono soddisfacenti, potete sempre porre al titolare dell'agenzia tutte le domande che avete durante il colloquio. Per esempio, potete chiedere che tipo di prestazioni offrono, la durata del lavoro, il tipo di lavoro che ricoprono, i settori con cui lavorano e quanto tempo ci vuole di solito per ottenere un lavoro con loro. La persona con cui state facendo il colloquio, il selezionatore, avrà tutte le risposte di cui avete bisogno ed è lì per aiutarvi. Se non siete sicuri della vostra capacità di ricordare quali domande porre, scrivetevi una breve lista prima di andare al colloquio, in modo da avere un riferimento.

Alcune agenzie forniscono consulenti che possono aiutarvi a perfezionare il vostro curriculum vitae, la lettera di presentazione e la capacità di sostenere un colloquio di lavoro. Potrebbero anche fornire workshop per aiutarvi a sviluppare le competenze da utilizzare sul lavoro. Assicuratevi di chiedere informazioni su questi servizi durante il colloquio, poiché sarebbe buona cosa usufruirne.

Quando si fa un colloquio con un'agenzia, è buona norma trattarla come se fosse un vero colloquio di lavoro. Dopo tutto, queste sono le persone che vi dovranno cercare un lavoro. Ciò significa che dovete vestirvi professionalmente, parlare chiaramente, presentarvi puntuali o in lieve anticipo, agire positivamente, presentarvi bene e rispondere alle domande in modo preciso e tranquillo.

Durante il colloquio tieni in mente queste cose:

- **Onestà**
  Mentre si cerca sicuramente di sottolineare i propri punti di forza e la fiducia in se stessi, è importante essere onesti. Se

volete avere successo e garantirvi la fiducia dell'agenzia, allora dovete essere onesti sulle vostre capacità, esperienza, obiettivi, flessibilità e disponibilità. Dopo tutto, se siete disonesti potreste essere chiamati per una posizione lavorativa che non sareste in grado di ricoprire. Questo lascerebbe una cattiva impressione sia sul datore di lavoro che sull'agenzia, rendendo più difficile ottenere un nuovo lavoro in futuro. Se non siete in grado di lavorare in determinati giorni o di soddisfare determinati requisiti, ditelo al vostro selezionatore dell'agenzia.

- **Avere sempre la mente aperta**
  Si può desiderare una posizione a tempo pieno, ma cercate di rimanere aperti e discutere i vostri desideri e le vostre esigenze con l'agenzia. Mentre una posizione a tempo pieno può sembrare interessante, ci potrebbero essere dei vantaggi nel lavorare a tempo parziale con un'agenzia, o comunque potrebbe essere un'occasione per occupare i tempi morti. Queste posizioni possono aiutarvi a sviluppare le vostre capacità e ad ampliare il vostro curriculum, rendendo più facile ottenere la posizione ideale a tempo pieno in futuro. Non solo, ma la maggior parte delle agenzie vi fornirà benefici anche durante le assunzioni brevi. Chiedete al vostro reclutatore quali sono le prestazioni che offrono per i dipendenti a breve termine.

- **Riflettere**
  Prova a costruire un rapporto con l'agenzia e, quindi a mostrare la tua buona volontà e l'apprezzamento per ciò che potranno fare per te. È possibile farlo inviando una e-mail di ringraziamento, una nota scritta a mano, o anche offrendo una colazione a sorpresa o passare per invitare per un caffè il vostro selezionatore in modo da poterlo ringraziare per il suo tempo a disposizione. Se ti sembra una stupidaggine sappi che invece è un ottimo modo per differenziarti da tutti gli altri candidati.

- **Pazienza**

  Può volerci un po' di tempo per ottenere un lavoro, ma siate pazienti e persistenti. Una settimana senza alcuna notizia può giustificare una telefonata informativa ma siate sempre pazienti. Potrebbe essere che semplicemente non hanno il giusto lavoro al momento, ma che il selezionatore può trovare qualcos'altro per voi. Durante la ricerca di un lavoro, contattate l'agenzia una volta alla settimana per ricordare loro che siete ancora interessati.

- **Quando-dire-"*No*"**

  Mentre alcune persone possono avere bisogno di accettare qualsiasi lavoro capiti sotto mano, se si ritiene che un lavoro non è una buona opportunità si è liberi di declinare e dire "No". Potrebbe essere che l'orario non sia soddisfacente o che il lavoro non paghi abbastanza bene. Qualunque sia il problema, siate onesti e comunicatelo al reclutatore. Se capiscono perché non siete in grado di accettare un lavoro specifico, allora possono trovare il lavoro giusto per voi in futuro. Questo li aiuterà anche a sapere che avete seri e solidi motivi per rifiutare il lavoro e che non lo state facendo semplicemente a causa del disinteresse.

Come potete vedere, le agenzie di collocamento possono essere di grande aiuto. Se siete alla ricerca di un lavoro, dovete utilizzare tutti gli strumenti a vostra disposizione. In attesa dell'aiuto di un'agenzia è possibile cercare un lavoro online e attraverso il giornale. Questo vi aiuterà ad aumentare le vostre possibilità di trovare rapidamente un lavoro e di trovare il lavoro giusto.

Infine, non dimenticate che le agenzie di collocamento sono pagate dall'azienda che cerca lavoro, non dagli individui che utilizzano i loro servizi. Se un'agenzia di collocamento si aspetta che tu li paghi per ottenere un lavoro, allora sono molto probabilmente una truffa. Tenetevi alla larga da qualsiasi agenzia che richiede denaro e cercate altre opzioni con buone recensioni online.

Non importa come si trova un lavoro, sia con un'agenzia, attraverso il giornale, gli annunci online, o in qualsiasi altro modo, ma è importante valutarlo bene prima di accettare una proposta.

A meno che non si sta cercando specificatamente un lavoro per un breve periodo di tempo, è bene capire se la proposta ricevuta assicura un contratto a lungo termine. In questo modo non vi troverete improvvisamente senza stipendio in futuro. È ideale capire se il lavoro si adatta alla tua personalità e alle tue capacità, in modo da essere in grado di soddisfare pienamente le esigenze del tuo datore di lavoro e crescere come persona e lavoratore. Nessuno dovrebbe essere in un ambiente di lavoro che lo logori mentalmente e fisicamente.

Ma come si può sapere se un lavoro è quello giusto? In questa parte, discuteremo i vari fattori da considerare. Se tenete a mente questi elementi prima di accettare una posizione, avrete maggiori possibilità di trovare il lavoro giusto che si adatti alle vostre esigenze con relativi benefici sia per voi che per il vostro datore di lavoro, lasciando tutti soddisfatti.

In primo luogo, è necessario completare un elenco di ciò che si desidera in un lavoro. L'elenco di ognuno sarà diverso, quindi è importante prendersi il tempo di considerare gli elementi qui elencati e rispondere con piena onestà. Se tenete a mente questa lista quando cercate e vi candidate per un lavoro, avrete maggiori possibilità di ottenere un lavoro a cui potete dire "sì, grazie".

Stipendio:
Uno dei fattori più importanti da considerare è lo stipendio. Certo, potresti non essere in grado di trovare un lavoro che ti renda ricco, ma hai almeno bisogno di un lavoro che copra le spese quotidiane, le spese mediche, le emergenze e le cure occasionali. Volete un lavoro che vi paghi adeguatamente sia per il vostro tempo che per la difficoltà dei compiti che state eseguendo.

Per fare questo, è meglio cercare di conoscere qual è lo stipendio medio della posizione lavorativa che desiderate in modo da poter subito stabilire se quella cifra possa andare bene o no per la vostra situazione.

E 'importante sapere di cosa avete bisogno al fine di ottenere uno stipendio soddisfacente. Non abbiate paura di rifiutare una posizione lavorativa che non offre uno stipendio adeguato alle vostre necessità ed ai compiti da svolgere.

Soddisfazione:

Anche se, purtroppo, per molte persone lo stipendio è la parte più importante del lavoro, sarebbe il caso di valutare se quel lavoro possa essere di vostro gradimento e, ad esempio, non presentare fattori che possano sopraffarvi come un orario di lavoro esagerato.

Sarete ampiamente soddisfatti di un lavoro se i compiti che portate a termine sono stimolanti e interessanti. Alcune persone possono trovare alcuni lavori ripetitivi e noiosi, mentre altri li trovano tranquillizzanti. Decidete con quale tipo di attività preferite lavorare e se preferite progetti nuovi e interessanti su base giornaliera o attività ripetitive che conoscete bene.

Per capire cosa vi lascerà più soddisfatti, scrivete una lista delle vostre migliori competenze. Poi, una volta che avete la lista, evidenziate quali abilità vi piacciono di più e quali vi potrebbero dare maggiori soddisfazioni. Queste possono essere abilità che usi nella tua vita quotidiana o quelle che hai utilizzato in un lavoro precedente o anche a scuola.

Quando conosci un'azienda e porti a termine un colloquio di lavoro, dovresti essere in grado di dire se il lavoro proposto utilizzerà o meno le tue migliori competenze, aiutandoti a valutare se il lavoro è adatto o meno.

Location:

Come si dice nel settore immobiliare o in alcuni famosi programmi sui ristoranti… "location, location, location, location, location". Non solo la posizione influisce notevolmente sugli immobili e su ciò che le persone acquistano, ma influisce anche sul vostro lavoro. La maggior parte delle persone ha bisogno di un lavoro che sia vicino a casa, in quanto doversi spostare di un'ora al giorno è un grande spreco di tempo, energia e denaro. Se possibile, cercate di trovare un lavoro che si trova vicino a casa vostra o in qualsiasi altra zona che visitate frequentemente. Ovviamente non sempre e non tutti possono evitare il pendolarismo ed a volte non è possibile proprio rinunciare.

Infatti può accadere che un'opportunità di lavoro può essere semplicemente troppo bella per essere ignorata. Se questo è il caso e il lavoro è lontano, dovreste poter considerare la possibilità di trasferirvi. Gli studi hanno dimostrato che guidare un lungo tragitto aumenta notevolmente lo stress, la noia, la rabbia, la frustrazione e l'isolamento sociale. Pertanto, cercate di prevenire questi spostamenti, se possibile.

Missione ed etica aziendale:

Nessuno sarà felice di lavorare con un'azienda con la cui etica non è d'accordo. Per esempio, non tutti possono gestire l'attività di avvocato. Se ti piace lavorare con gli animali, potresti non essere in grado di lavorare in un mattatoio. Se non ti piacciono i bambini, allora lavorare come maestra d'asilo non è una buona idea, anche se sei un insegnante.

Quando si guardano le opportunità di lavoro, bisogna essere sicuri di poter abbracciare pienamente gli obiettivi e la missione sia dell'azienda che del datore di lavoro.

Ambiente di lavoro:

Analogamente alla missione dell'azienda, è necessario analizzare l'ambiente di lavoro. Per esempio, il dress code è formale o informale? Le persone lavorano da sole o in team? L'atmosfera è amichevole o ci sono conflitti interiori? La gestione del personale è gentile o prepotente? L'azienda promuove un sano equilibrio tra lavoro e vita privata o promuove l'idea di produzione su tutto il resto? Ci sono molti aspetti che si possono considerare riguardo all'ambiente di lavoro. Considera quali aspetti sono più importanti per te e crea una lista.

Sicurezza:

Quando si accetta un lavoro, è bene assicurarsi che l'azienda stia in salute. Non è il caso di accettare un'occupazione in un settore in declino o in un'azienda in declino. Per esempio, se si lavora nell'industria petrolifera, c'è stato un grande declino del lavoro durante gli anni '80 e '90. In questo periodo, molte persone nel settore sono state licenziate e costrette a trovare lavoro in nuove industrie. Tuttavia, da allora, c'è stato un altro boom dell'industria petrolifera, dando a molte persone nuove opportunità di lavoro. Cerca nel tuo campo e scopri se sta andando bene, specialmente nel tuo territorio. A volte, un settore specifico può essere in piena espansione in un'area e in declino in un'altra.

Avanzamento:

È importante sapere se ci sono opportunità di avanzamento, di poter far carriera all'interno dell'azienda. Questi avanzamenti ti permetteranno di essere promosso e di ridefinire al rialzo il tuo stipendio. Per determinare le opportunità di avanzamento, chiedete al responsabile delle assunzioni durante il vostro colloquio di lavoro quali sarebbero le possibilità. Spesso, i datori di lavoro sono felici di sapere quando i potenziali dipendenti stanno cercando di eccellere e avanzare, in quanto ciò significa che lavoreranno sodo e si preoccuperanno di lavorare nel migliore dei modi. Chiedere sulle possibilità di promozione è segno che prendere molto sul serio un'eventuale assunzione in azienda.

Il datore di lavoro:

Immaginate come dovrebbe essere il vostro capo ideale ed anche quali caratteristiche invece non sopportereste. Per esempio, un buon capo potrebbe essere qualcuno che vi aiuterà e vi guiderà in una situazione difficile con pazienza. D'altra parte, un cattivo capo potrebbe urlare e riversare le sue frustrazioni sui propri dipendenti.

Nessuno vuole lavorare con un datore di lavoro che rende ogni giorno un incubo.

Per avere una buona idea del datore di lavoro, cercate di dare un'occhiata in giro per l'azienda. Mentre lo fate, parlate con alcuni dei vostri potenziali colleghi e chiedete loro informazioni sul capo e sullo stile di gestione. Potrebbero non voler essere sinceri su qualsiasi problema, quindi tenete d'occhio gli atteggiamenti verbali e non verbali che potrebbero indurvi a capire la situazione e a scoprire eventuali bugie.

Può essere difficile rifiutare un lavoro, ma a volte è necessario. Se un lavoro non copre le spese, è troppo lontano per spostarsi, o il capo sembra discutibile, allora potrebbero essere ragioni sufficienti per rifiutarlo. Perché metterti in una brutta situazione quando invece potresti trovare un lavoro che sia adatto a te?

Un sacco di persone rifiutano le opportunità di lavoro, e non c'è nulla di negativo in questo processo. Sia il datore di lavoro che il dipendente devono sentirsi sicuri della loro scelta, quindi non c'è niente di sbagliato nel declinare se ti manca questa fiducia. Sarebbe molto più difficile lavorare in un lavoro che non si adatta bene che rifiutarlo e cercare qualcosa di meglio.

In qualsiasi momento del processo di assunzione, che vi sia stato offerto o meno il lavoro, potete ritirarvi dal gioco. Ciò non ti metterà in cattiva luce e, se all'azienda sei piaciuto, potrebbero proporti una posizione migliore o comunque ti chiederebbero di tornare in caso cambiassi idea.

Trovare opportunità di lavoro e decidere quale sia l'opzione migliore può richiedere molto tempo. Anche se alcune persone possono trovare rapidamente un nuovo lavoro, voi non scoraggiatevi se ci vorrà più tempo. Avete bisogno sia di pazienza e di perseveranza.

Capitolo 2: L'importanza della lettera d'accompagnamento e della sua corretta ricezione.

Anche se non tutte le domande di candidatura indicano che è necessaria una lettera di presentazione, è il caso che tu ne fornisca una indipendentemente da ciò che ti richiedono. La verità è che molti datori di lavoro usano la lettera di presentazione per aiutarli a decidere se dare o meno un lavoro a qualcuno, anche prima di guardare il curriculum vitae. Infatti, un'indagine completata da Robert Half ha scoperto che il novanta per cento dei dirigenti ritiene che le lettere di presentazione abbiano un valore inestimabile.

Ma, cos'è esattamente una lettera di presentazione?

Se avete avuto esperienze precedenti, potreste essere a conoscenza dei fondamenti di una lettera di presentazione, ma, i nuovi arrivati nel mondo del lavoro sono spesso lasciati a sé stessi, con scarsa conoscenza anche del curriculum vitae. Ma anche le persone che hanno fornito lettere di presentazione per lavori precedenti possono avere scarsa comprensione di ciò che dovrebbero contenere, il che significa che le loro lettere di presentazione sono eccessivamente brevi nei contenuti e si rivelano inefficaci.

In parole povere, una lettera di presentazione dovrebbe introdurvi ad un potenziale datore di lavoro, evidenziando i vostri punti di forza, risultati e personalità. Con la lettera di presentazione, è possibile introdurre aspetti di te stesso che in genere non verrebbero discussi all'interno di un curriculum vitae. Se più persone hanno esperienza simile nel curriculum vitae, o se una persona ha una mancanza di esperienza lavorativa precedente, allora è la loro lettera di presentazione che aiuterà un datore di lavoro a decidere quale persona assumere.

Nonostante un curriculum vitae sia un aspetto incredibilmente importante del processo di candidatura, senza lettera di presentazione, non è semplicemente in grado di trasmettere tutte le conoscenze di cui un datore di lavoro ha bisogno per prendere una decisione saggia. Dopo tutto, un datore di lavoro può conoscere la vostra esperienza precedente da un curriculum vitae, ma non è in grado di sapere che tipo di posizione state cercando e perché siete il candidato ideale senza lettera di presentazione. Certo, potreste parlarne in un colloquio, ma senza una lettera di presentazione, potreste non raggiungere mai il processo di colloquio.

Per esempio, se un datore di lavoro si accorge che ci sono delle lacune nella vostra storia lavorativa, potrebbero essere preoccupati. Tuttavia, nella lettera di presentazione, potete spiegare il motivo di queste lacune. Forse vi siete presi del tempo libero per ottenere una laurea o per prendervi cura di un membro della famiglia malato. Se un datore di lavoro è in grado di capire perché c'è una lacuna, allora può sentirsi più sicuro nell'assumervi o comunque vorrà ascoltarvi. Allo stesso modo, se avete apportato un cambiamento nel vostro campo di carriera, potete spiegare brevemente cosa vi ha portato alla vostra decisione.

Anche se una lettera di presentazione può avere un forte impatto sull'impressione che un potenziale datore di lavoro riceve su di te, ciò non è sempre positivo. Se la vostra lettera di presentazione è scritta con negligenza o è di scarsa qualità, allora un potenziale datore di lavoro può decidere che non siete adatti a un lavoro, indipendentemente dalla qualità del vostro curriculum vitae. Questo è il motivo per cui è incredibilmente importante capire le lettere di presentazione e come crearle bene.

Lauren Nelson, VP di Aesthetic Cogency e specialista della comunicazione, ha discusso l'importanza della lettera di presentazione del suo profilo LinkedIn. Spiega che nonostante un curriculum vitae e una ricerca su Google possono aiutarvi a imparare molto su un potenziale dipendente, questi non sono mai abbastanza per raccontarvi la storia completa di una persona. Infatti, anche se una persona ha un lungo curriculum con decine di pagine di premi e attestati, Nelson ha detto che perde comunque interesse nel momento in cui non si ha una lettera di presentazione.

Questo può sembrare ingiusto, ma Nelson ha una buona ragione per affermare ciò. In primo luogo, nonostante si consigli sempre di allegare una lettera di presentazione alla domanda di lavoro, il sessanta per cento delle persone non ne fornisce mai una. Questa è un'ovvia bandiera rossa, se non siete in grado di rispettare i termini del datore di lavoro per rispondere ad una candidatura, come ascolterete gli ordini sul lavoro? Un datore di lavoro non chiede una lettera di presentazione senza motivo. Queste lettere permettono al datore di lavoro di farsi un'idea della vostra personalità, dei vostri punti di forza e dell'etica del lavoro che non sono in grado di accertare in un semplice curriculum vitae.

Il secondo punto è che anche per quel quaranta per cento delle persone che inviano le lettere di presentazione, non tutte le lettere di presentazione sono efficaci. Solo un quarto delle persone che inviano lettere di presentazione, un totale del dieci per cento delle persone che si candidano per le posizioni con Lauren Nelson, allegano lettere di presentazione che sono state scritte in modo adatto alla posizione di lavoro offerta. Questo rende facile, secondo Nelson, e per qualsiasi altro datore di lavoro, eliminare la stragrande parte dei candidati: il 90% è fuori ancor prima di poter sostenere un colloquio di lavoro.

Perché è importante che la lettera di presentazione sua fatta su misura per ogni posizione lavorativa invece di usare una lettera standard per ogni domanda di lavoro? Nelson ha spiegato che se un candidato non è in grado di comunicare il motivo per cui i suoi punti di forza e la sua esperienza sono adatti alla posizione specifica, non è sicuro che si capisca effettivamente cosa possa apportare di positivo quella persona all'azienda.

La buona notizia per chi sa che è buona norma inviare una lettera di presentazione, è che loro hanno maggiori probabilità di ottenere un colloquio con una lettera di presentazione dettagliata, specifica e concisa rispetto a chi ha solo un prestigioso curriculum vitae. Infatti, qualcuni possono avere sul loro curriculum vitae che si sono laureati al Politecnico o che hanno già lavorato con una società rinomata. Ma, se non sono in grado di esprimere la loro passione in una lettera di presentazione, allora tutte le loro esperienze potrebbero essere ininfluenti.

Ci vorrà tempo, conoscenza e pratica, ma se si lavora alla creazione di una buona lettera di presentazione che si possa personalizzare per ogni singola proposta di lavoro, allora ci va in testa alla concorrenza. Avrai maggiori probabilità di essere chiamato a sostenere un colloquio.

Se questo non è sufficiente per convincervi dell'inestimabile importanza di una lettera di presentazione, ecco sei motivi per cui dovreste sempre fornirne una

1. **Comunica chi sei**
   Mentre un curriculum vitae comunica la tua precedente esperienza lavorativa e i risultati ottenuti, una lettera di presentazione permette ai datori di lavoro di farsi un'idea generale di chi sei, sia come persona che come potenziale dipendente. Ottenendo una migliore immagine dei futuri dipendenti, un datore di lavoro è in grado di capire le loro passioni, interessi, e quale persona ha la migliore dedizione per una data posizione di lavoro.

2. **Evidenzia i propri punti di forza**
   Sì, nel tuo curriculum, sei in grado di evidenziare alcuni dei tuoi risultati più recenti. Tuttavia, questo ti costringe a scrivere solo una o due pagine, o anche meno se hai solo una piccola quantità di esperienza rilevante. D'altra parte, potreste avere alcuni punti di forza che non siete in grado di inserire nel vostro curriculum. Qui è dove la lettera di presentazione può essere d'aiuto. Con la lettera di presentazione, puoi discutere più dettagliatamente i tuoi punti di forza e spiegare come si adattano bene alla posizione di lavoro offerta.

3. **Dimostra la capacità di comunicazione**
   Con un curriculum vitae, devi solo scrivere brevi dichiarazioni sulla tua esperienza precedente. Fa poco per evidenziare la vostra capacità di comunicazione. D'altra

parte, una lettera di presentazione viene scritta in modo più fluido, in un modo più conversazionale. Questo può aiutare un potenziale datore di lavoro a vedere che siete in grado di scrivere e comunicare bene i vostri pensieri.

4. **Dimostra la serietà**

   Molte persone possono inviare curriculum vitae dopo il curriculum, senza mai essere seri sulla posizione lavorativa. Inviano curriculum a raffica senza essere realmente interessati a questo o quel lavoro. Essi vogliono semplicemente ottenere un lavoro senza essere disposti a sforzarsi per ottenere un buon lavoro. Un lavoro vale l'altro. I datori di lavoro sono spesso in guardia da persone come questa, cercando invece di assumere persone che dimostrano di sforzarsi per ottenere un risultato. Si può dimostrare di essere una di queste persone con una lettera di presentazione ben scritta che comunica re quanto seriamente si prende l'opportunità ricevuta. Con una buona lettera di presentazione, nessuno ti scambierà per "pigro".

5. **Rafforza il tuo curriculum**

   Non tutti hanno un curriculum che possa reggersi da solo. Questo è particolarmente vero per le persone che hanno finito il liceo o l'università. Mentre noi tutti vorremmo un curriculum vitae convincente che può stare in piedi da solo, a volte ha bisogno di essere sostenuto con una lettera di presentazione ben scritta. Se siete preoccupati che il vostro curriculum vitae sia debole, allora concentratevi sul rafforzamento della lettera di presentazione. Spesso, pur avendo un curriculum debole, i datori di lavoro programmano un colloquio con una persona solo leggendo una lettera di presentazione forte.

6. **Apre a un successivo contatto**

   Quando si sta cercando di ottenere seriamente un lavoro, spesso ci si rivolge a molte posizioni aperte. Ma, questo può lasciarvi in una posizione scomoda mentre cercate di destreggiarvi tra i vari annunci, incerti su chi vi risponderà.

Vorreste una risposta (SI o NO) ma questa non arriva. In questo caso, cosa fate? La lettera di presentazione può aiutare. Invece di lasciare il tempo di risposta a piacimento del datore di lavoro, puoi prenderne il controllo. All'interno della vostra lettera di presentazione, inserite un'ora e una data in cui li chiamerete per effettuare il check-in, per verificare come procede la vostra candidatura. In questo modo, il datore di lavoro sa che se non ti chiamano entro un certo periodo di tempo (ad esempio due settimane), sarai comunque tu a chiamarli. Questo dimostra che sei entusiasta della posizione offerta e spesso lascia una buona impressione sul datore di lavoro. Tuttavia, non siate impazienti, perché queste cose possono richiedere del tempo. Non date un ultimatum di 24 ore!

Una lettera di presentazione ben scritta non è un semplice test. Richiede conoscenza, comprensione, impegno, tempo e pratica. Tuttavia, è certamente possibile scrivere una lettera di presentazione che vi farà notare.

È importante tenere a mente che una lettera di presentazione non è semplicemente un riassunto del vostro curriculum vitae. Molte persone commettono questo errore, il che fa sì che le loro lettere vengano cestinate. Invece di riassumere il tuo curriculum vitae, devi spiegare al datore di lavoro perché sei ideale per quella posizione, perché sei attratto da quella posizione e le tue qualità uniche che ti rendono il candidato ideale.

È importante personalizzare ogni lettera di presentazione che invii per una posizione. Questo perché è necessario per mettere in evidenza la vostra conoscenza dell'azienda e della posizione. Per fare questo, ricerca l'azienda, il datore di lavoro e cosa ci si aspetta dalla posizione prima di scrivere la tua lettera. Utilizzando questa conoscenza, potete dimostrare al datore di lavoro che siete ideali e competenti.

La vostra lettera di presentazione deve essere scritta in uno stile accattivante, evidenziando le vostre conoscenze e le importanti parole chiave associate alla posizione e al campo di lavoro.

Dovete offrire il vostro entusiasmo e la vostra etica del lavoro, in particolare comunicando che questa è la vostra opportunità di lavoro e che i vostri obiettivi personali, la personalità e l'etica del lavoro si adattano all'ideale dell'azienda; e che desiderate veramente lavorare con un'azienda che detiene valori che sono simili ai tuoi.

Creare la tua lettera di presentazione

Ora che avete capito cos'è una lettera di presentazione e la sua importanza, è il momento di imparare a creare la vostra lettera ben scritta, nota anche come Cover Letter.

C'è un modello di base che ogni lettera di presentazione professionale dovrebbe seguire. Puoi usare questa linea guida con le tue informazioni per assicurarti che la tua Cover Letter sia sempre nel formato corretto.

Una lettera di presentazione di base senza fronzoli dovrebbe essere composta da:

- Il tuo nome

- Numero di telefono

- Indirizzo e-mail

- Data

- Indirizzata al nome e al titolo professionale del manager di assunzione

- Nome dell'azienda in cui ti candidi per il lavoro

Questa è la più elementare delle linee guida per le lettere di presentazione, come potete vedere, non contiene nemmeno molte informazioni sull'individuo. Il resto della lettera può essere altamente personalizzato. Però oltre alla linea guida di cui sopra, è necessario aggiungere anche altre informazioni. Questo può includere una varietà di componenti, a seconda della persona. Alcune opzioni includono:

- L'indirizzo del tuo sito web professionale

- Il tuo titolo professionale

- Il tuo indirizzo di casa

- Link al tuo LinkedIn o Twitter

- Città di residenza

Volendo illustrare la propria personalità nella lettera di presentazione, è importante farlo in modo professionale. Ad esempio devi utilizzare un indirizzo e-mail che illustra la professionalità. Come [iltuonome]@gmail.com o email@[iltuosito web].com. Non devi mai includere indirizzi e-mail non professionali nella tua lettera di presentazione o nel tuo curriculum vitae, perché questo può essere un problema. Se la tua email è qualcosa come SexyTiger135@gmail.com oppure un peggior ComunistaCentoPerCento@yahoo.com dovrai creare un nuovo indirizzo email per scopi professionali. Idealmente è meglio rimanere con Gmail o con un'e-mail creata con il proprio dominio web, in quanto queste sono viste come le opzioni più professionali.

Allo stesso modo, si dovrebbe evitare di utilizzare un indirizzo e-mail che contiene le informazioni sul proprio lavoro attuale. Se il tuo indirizzo e-mail professionale contiene la tua azienda o posizione attuale, è irrispettoso sia per la tua azienda precedente che per la nuova azienda utilizzare questo indirizzo.

Infine, assicuratevi che le vostre informazioni di contatto siano coerenti su tutta la linea. Volete che il vostro curriculum, la lettera di presentazione e i social media utilizzino tutti le stesse informazioni.

Ora capisci il formato di base della tua lettera di presentazione e le informazioni più importanti da includere in ogni singola Cover Letter. Tuttavia, queste sono solo lo scheletro di una lettera di presentazione. Dovete comunque includere informazioni che inducano il datore di lavoro a desiderarvi. Per questo, segui i seguenti suggerimenti per ottenere una lettera personalizzata e di successo.

Utilizzare lo stile corretto:

La lettera di presentazione, pur potendo mostrare la vostra personalità, deve rimanere professionale. Per questo motivo, utilizzare lo stesso stile formale che si dovrebbe utilizzare per qualsiasi questione professionale. Per questo, si consiglia di utilizzare i font Times New Roman, Calibri o Arial di dimensioni dodici o dieci punti. Quando scrivi il tuo nome, le informazioni di contatto e la data allineale lungo la parte superiore della lettera. Infine, mantenere la lettera di presentazione su una singola pagina con tre o quattro brevi paragrafi.

Rivolgersi al responsabile delle assunzioni:

Alcune persone possono indirizzare questa lettera di presentazione a un generico ufficio, ma questa è una cattiva pratica. Questo farà sembrare che non avete fatto abbastanza ricerche sull'azienda o che state producendo Curriculum in massa da inviare a più aziende. Invece, dovete indirizzare direttamente la vostra lettera alla persona che vi assumerà. Il nome di questa persona può essere scritto nell'annuncio di lavoro. Tuttavia, se non lo è, prova a chiamare il numero di telefono principale dell'azienda e a chiedere sia il nome di colui che occupa la posizione del manager per le assunzioni. Questo può sembrare un passo inutile; tuttavia, lascerà una grande impressione sul responsabile delle assunzioni e aumenterà la vostra probabilità di essere assunti.

Questo vi darà anche l'opportunità di saperne di più sull'azienda in generale. Se avete qualche connessione personale con l'azienda e aspiranti colleghi, sentitevi liberi di menzionare sottilmente queste connessioni. In questo modo, offrite al responsabile delle assunzioni l'opportunità di chiedere alle persone che vi conoscono la loro opinione sulla vostra etica e capacità lavorativa.

Usa parole chiave:

Spesso, i datori di lavoro non leggono semplicemente ogni lettera di presentazione che ricevono. Invece, possono farla passare attraverso un software di filtraggio che ha lo scopo di cercare le parole chiave nei curriculum vitae. Questo software permette ad un datore di lavoro di sfogliare i curricula e le lettere di presentazione, leggendo solo quelle che corrispondono alle parole chiave preferite delle abilità ed esperienze desiderate.

Per far leggere la lettera di presentazione, è necessario incorporare in modo naturale e conversazionale frasi chiave e parole che si adattano alla descrizione del lavoro. Puoi farlo indicando quanti anni di esperienza hai, il tipo di laurea, le competenze sviluppate, le capacità di comunicazione e di organizzazione e la storia che hai nella gestione dei progetti.

Alcuni esempi di parole chiave da utilizzare includono:

- Parole chiave orientate alle skill:

Pianificato, analizzato, progettato, quantificato, programmato, addestrato, insegnato, indagato, sorvegliato, organizzato, criticato, ispezionato, assemblato, risolto, risolto, ingegnerizzato, mantenuto, operato, amministrato, valutato, sottoposto ad audit, preventivato, calcolato, progettato, ricercato, diretto, sviluppato, eseguito, agito, stabilito, modellato, illustrato, fondato, programmato, allenato, comunicato, istruito, abilitato, incoraggiato, guidato, informato, costruito.

- Parole chiave orientate ai risultati:

Attuato, pianificato, gestito, aggiornato, valutato, rafforzato, persuaso, iniziato, adattato, supervisionato, guidato, guidato, ridisegnato, aiutato, lanciato, iniziato, adottato, potenziato, guidato, operato, aumentato, formato, istruito, riformulato, espanso, acquisito, generato, prodotto, iniziato.

- Parole chiave autodescrittive:

Indipendente, creativo, unico, unico, attento, affidabile, responsabile, ambizioso, analitico, sensibile, affidabile, entusiasta, adattabile, logico, intraprendente, efficiente, esperto, efficace, sincero, produttivo, personale, strumentale, onesto, abile, leale, diplomatico, perspicace.

Keep the First Paragraph Strong:

At the beginning of your letter, you should start with a strong and personal greeting directly to the hiring manager. But, don't slack off after this greeting. It is vital to have a strong opening paragraph that catches their attention and draws them into reading your entire letter and your resume.

This means that you absolutely must avoid any misspellings or typos. You also need to include something interesting about yourself that sets you apart from the crowd. While the entire cover letter is important, the most important areas to strengthen are the beginning and then end. After all, it is vital to make a good first impression and leave off with a good impression.

I dettagli importanti all'inizio:

Dovresti iniziare la tua lettera con un saluto forte e personale direttamente al responsabile delle assunzioni. Ma, non lasciatevi andare dopo questo saluto. È fondamentale avere un paragrafo di apertura forte che attiri la loro attenzione e li attiri nella lettura di tutta la tua lettera e del tuo curriculum vitae.

Questo significa che dovete assolutamente evitare qualsiasi errore di ortografia o di battitura. È inoltre necessario includere qualcosa di interessante su di te stesso che ti distingue dalla folla. Nonostante tutta la lettera di presentazione sia importante, le aree principali da rafforzare sono l'inizio e la fine. Dopo tutto, è fondamentale fare una buona prima impressione e lasciare una buona impressione.

Evidenziare i dettagli rilevanti:

Nella vostra lettera di presentazione, siete in grado di entrare più in dettaglio su come e perché siete perfetti per quel lavoro. Mentre un curriculum vitae evidenzia semplicemente la tua esperienza, la lettera di presentazione spiega perché questa esperienza ti rende ideale. Pertanto, quando evidenziate le vostre esperienze, assicuratevi di attenervi alle esperienze e al ragionamento che si adatta al quel lavoro specifico. Per esempio, se tu fossi un cameriere e ora ti stai candidando per un lavoro in un altro campo, potrebbe non sembrare, in un primo momento, che si tratti di un'esperienza rilevante. Tuttavia, la lettera di accompagnamento ti permette di spiegare perché questa esperienza ti rende effettivamente il più adatto. Potete prendervi il tempo necessario per spiegare che le vostre interazioni con i clienti, la gestione delle controversie e il lavoro di squadra vi permetterà di fare meglio il nuovo lavoro, se sarete assunti. Se possibile, cerca di utilizzare dati e numeri per spiegare i tuoi punti di forza, dato che ai datori di lavoro piace vedere i numeri reali.

Legatevi all'azienda:

Quando possibile, parla di te stesso in relazione all'azienda. Questo dimostrerà al responsabile delle assunzioni che avete conoscenza dell'azienda e trasmettete entusiasmo. Potete farlo menzionando quanto vi interessa la visione o la missione dell'azienda. Se avete seguito l'azienda o utilizzato i suoi prodotti/servizi per anni, potete menzionare quanto abbiano avuto un impatto positivo sulla vostra vita.

Allo stesso modo, dovreste parlare nella lettera come se foste già stati assunti. Per esempio, immaginate di parlare con un manager dopo essere stato assunto e loro vi chiedono perché avete scelto l'azienda. Potreste rispondere utilizzando il vostro interesse per l'azienda e l'entusiasmo che avete sempre avuto di lavorare per loro.

Per esempio: "Quando ho scoperto che DreamCloud Animation stava assumendo, ho capito che dovevo assolutamente fare domanda. Ero alla ricerca di un'azienda che fa davvero la differenza, dove potevo avere un impatto. Sono stato ispirato dall'azienda e dalla sua missione di produrre costantemente animazioni di alta qualità che raccontano storie per riscaldare i cuori delle persone e aumentare l'apprezzamento di ciò che a prima vistacsembra banale. Credo nella missione di DreamCloud Animation e mi piacerebbe lavorare con voi in modo che anch'io possa fare la differenza".

Aggiungere l'esatto nome del lavoro per il quale ci sis ta candidando:

Può sembrare stupido, ma è importante aggiungere il nome della posizione per la quale ci si candida. Questo aiuta il datore di lavoro a sapere che sei informato e che sai per cosa ti stai candidando. Questo può essere fatto facilmente, ad esempio "Per quanto riguarda la posizione Graphic Design," o "Sto scrivendo per fare domanda per la posizione di Floor Manager [nome della società] recentemente pubblicizzato".

Illustrare come si può risolvere un problema specifico:

Sei un risolutore di problemi? Anche se affermare questo in una lettera di presentazione può sembrare vantaggioso, in realtà ha poco impatto sul manager di assunzione. Dopo tutto, quali problemi si possono risolvere? Semplicemente, affermando solo che sei un problem-solver, ti potresti riferire al fatto che sai come "risolvere" il problema di non sapere cosa mangiare a colazione quando la dispensa è vuota.

Invece di dire al responsabile delle assunzioni che sei bravissimo a risolvere i problemi, descrivi esattamente quali problemi puoi aiutarli a risolvere. Come puoi usare le tue capacità per aiutare l'azienda a risolvere meglio i suoi problemi? Prendetevi il tempo di considerare esattamente ciò che potete fare per l'azienda e poi dettagliatelo.

Condividi una storia:

Vuoi che la tua lettera di presentazione sia accattivante, interessante e informativa. Uno dei modi più efficaci per farlo è condividere una storia o un aneddoto su di te stesso. Questo può permettere al datore di lavoro di farsi un'idea migliore della vostra personalità, del vostro stile di lavoro e delle vostre capacità. Anche se, è importante condividere la storia giusta pur mantenendola breve e dolce.

Come fai a sapere se una storia è quella giusta per la tua lettera di presentazione? Puoi iniziare guardando la descrizione del lavoro e facendo ricerche sull'azienda. Una volta che hai capito bene la posizione e l'azienda, puoi confrontare le tue capacità, talenti ed esperienze rispetto a ciò che stanno cercando in un dipendente.

Per esempio, l'azienda potrebbe essere alla ricerca di un giocatore di squadra, qualcuno con capacità di comunicazione, una persona in grado di risolvere i conflitti e una persona che sia in grado di addestrare coloro che sono sotto di loro. Tenendo questi aspetti in mente, si può considerare il tuo passato e pensare ad un aneddoto che contiene il maggior numero possibile di queste caratteristiche. Per esempio, potreste aver fatto volontariato in un luogo in cui avete gestito una squadra, mantenuto tutti in buoni rapporti mentre risolvevate i conflitti, addestrato i nuovi arrivati e comunicato le esigenze del giorno a coloro che lavorano con voi. È possibile condividere questo aneddoto, menzionando in modo specifico queste abilità e caratteristiche di cui avete fatto uso.

Poter ascoltare una storia di come avete utilizzato in modo specifico le vostre competenze e caratteristiche in passato, aiuta l'azienda ad ottenere un'idea migliore di come sarete sul lavoro.

Rimani onesto:

L'errore peggiore che si può fare nella lettera di presentazione è essere disonesti. Non solo questo ha implicazioni morali, ma tornerà anche a ritorcertisi contro. Se dite all'azienda che avete un'esperienza, un talento o un'abilità che in realtà non avete, allora lo scopriranno in futuro. Impareranno presto che non siete in grado di fare ciò che avete dichiarato, e questo vi metterà nei guai.

Invece, rimanete onesti mentre mettete il vostro miglior piede in avanti ed evidenziate le vostre reali capacità e caratteristiche nella luce più positiva possibile.

Essere te stesso, rimanere unico:

La lettera di presentazione è stata creata per distinguervi dalla folla, cosa che il vostro curriculum da solo non è in grado di fare. Eppure, molte persone non riescono a catturare nessuna delle loro qualità uniche nella loro Cover Letter.

Questo accade troppo spesso quando una persona usa frasi come "Ciao, io sono John/Jane Smith. Sono una persona laboriosa, multitasking e orientata ai dettagli. Sono nata per essere un leader e credere di poter aiutare la vostra azienda".

Un manager o un datore di lavoro non sarà interessato a un modello base di lettera di presentazione che potrebbe andare bene per chiunque. Evidenzia come sei unico e distinguiti dalla folla. Per esempio, invece di dire che sei un "leader di natura" potresti dire che sei "eccellente quando comando una squadra". Questo aiuta la tua lettera di presentazione a suonare in modo diverso, catturando meglio l'attenzione di una persona.

Tuttavia, il modo migliore per rimanere unici è condividere le tue storie e la tua personalità. Lavoratele nella lettera condividendo con il responsabile delle assunzioni le storie e gli esempi di come potete aiutare al meglio l'azienda, eccellere nella posizione e sfruttare i vostri punti di forza.

Illustra i tuoi obiettivi, passioni e sogni:

Un datore di lavoro non vuole solo conoscere i tuoi punti di forza e il motivo per cui sei qualificato per una posizione, ma anche i tuoi obiettivi e il percorso professionale che immagini.

Se sei appassionato alla possibilità di far carriera, esprimi questo. Se sognate di diventare manager e di guidare una squadra, fateglielo sapere. Se il vostro obiettivo è quello di avanzare di livello nel vostro campo, non esitate ad aggiungerlo.

Un esempio: "Il design grafico e la sua integrazione nella pubblicità è stata la mia passione per molti anni, per questo mi sono laureato in graphic design alla New York University. Non solo sogno di lavorare in questo campo, ma credo che le mie capacità mi aiuteranno ad eccellere. Il mio entusiasmo, la passione e l'etica del lavoro mi spingeranno a nuove vette, rendendomi un candidato meraviglioso per la posizione di Graphic Designer".

Nota finale:

Al termine della lettera di presentazione, nell'ultimo paragrafo, assicurati di usare una o due frasi per ribadire perché sei il candidato perfetto per il lavoro. Poiché la maggior parte delle persone leggerà il curriculum vitae direttamente dopo la lettera di presentazione, utilizzate questo ultimo paragrafo per evidenziare qualsiasi cosa importante che si desidera che il manager noti nella lettura del vostro curriculum vitae.

Puoi anche aggiungere una data entro la quale li contatterai se non li dovessi sentire prima.

Per esempio: "Grazie per il suo tempo impiegato a leggere questa mia candidatura per la posizione di Graphic Designer. Spero che il mio curriculum, che ho incluso, si dimostri utile. Non vedo l'ora di conoscere l'esito di questa primo step della selezione. A meno che voi non mi rispondiate in anticipo, sarà mia cura ricontattarvi tra una settimana.".

Formato visivo unico:

Gli esseri umani naturalmente ricordano qualcosa quando si distingue dalla folla. Per questo motivo, invece di limitarsi a digitare e stampare la lettera di presentazione, è una buona idea darle un formato visivo unico. Tuttavia, questo deve essere fatto con attenzione. Non dovete usare espedienti luminosi e appariscenti. Questo significa che devi evitare carta dai colori vivaci, font insoliti, più di due tipi di font, o font colorati per il contenuto della lettera. La lettera di accompagnamento deve rimanere professionale e di facile lettura.

Se scegliete di giocare con il formato visivo allora potete utilizzare un inchiostro blu per evidenziare alcune parti della lettera, oppure aggiungere di una vostra foto, a condizione che non occupi troppo spazio nella pagina. Cerca di organizzare il tuo testo sulla pagina in modo che sia visivamente attraente, piuttosto che apparire in un grande blocco difficile da leggere. Ti ho già detto che non dovresti usare carta dai colori vivaci, ma puoi usare una carta di alta qualità bianca o bianco sporco.

Correzione di bozze:

Evitate gli errori di ortografia. Pertanto, leggete la vostra lettera di presentazione più di una volta. Prendetevi una pausa e rileggetela. Stampatela prima di leggerla attentamente una terza volta. Esegui programmi di correzione grammaticale e ortografici, come Grammarly molto usato per l'inglese. Infine, se possibile, fatelo controllare da un amico o da un familiare per eventuali errori di ortografia o di battitura. Come potete vedere, ci sono molti modi in cui potete migliorare la vostra lettera di presentazione e aiutarla a distinguersi dalla folla. Tuttavia, ci sono anche molti errori che possono far sì che la tua lettera venga ignorata, nonostante lo sforzo che hai fatto. Per fortuna, se capite gli errori più comuni, potete stare attenti in modo da evitarli del tutto. Di seguito è riportato un elenco degli errori di cui avete più bisogno per tenere d'occhio.

- Ripetere il tuo curriculum vitae

Cerca di evitare di ripetere le frasi del tuo curriculum, o peggio, fare copia e incolla interi paragrafi. Il tuo curriculum e la lettera di presentazione hanno uno scopo diverso. Mentre il tuo curriculum vitae ha lo scopo di evidenziare la tua esperienza, la lettera di presentazione ha lo scopo di evidenziare il motivo per cui sei il candidato ideale per la posizione. A causa di questo, non possono contenere le stesse informazioni. Tenete separati il curriculum e la lettera di presentazione con contenuti diversi. In caso contrario, lascerete una cattiva impressione e sembrerete pigri.

- Non concentratevi solo su di voi

Sì, la lettera di presentazione ha lo scopo di dimostrare al responsabile delle assunzioni e al datore di lavoro che voi siete la persona ideale per quel lavoro. Tuttavia, non si tratta solo di voi. Si tratta piuttosto di come potete aiutare l'azienda e il datore di lavoro a portare avanti la loro missione e a migliorare gli affari. Per fare questo, cercate di evitare un uso eccessivo della parola "io" e concentratevi su come tutte le vostre esperienze e i vostri punti di forza possono essere utilizzati per gli scopi dell'azienda.

- Non citare altre opportunità lavorative

La maggior parte delle volte, le persone fanno domanda per più lavori contemporaneamente. Tuttavia, non si deve menzionare questo aspetto nella lettera di presentazione, nel curriculum vitae o nel colloquio. Questo perché, anche se la maggior parte dei datori di lavoro presuppone che tu faccia domanda per più lavori, tu devi convincerli che vuoi veramente lavorare solo con la loro azienda. Se capiscono che ti piacerebbe lavorare per chiunque, allora potrebbero pensare che non siete la persona adatta. Pertanto, evitare di menzionare altre candidature o aziende. Invece, concentratevi sulla comunicazione del perché questa specifica azienda è importante per voi.

- Non essere negativo

Non vuoi dare al datore di lavoro nessuna ragione per non darti una possibilità. Sanno che non tutti sono perfetti, quindi non c'è motivo di entrare nelle tue debolezze. Concentratevi invece sugli aspetti positivi. Dopo tutto, non comprereste un prodotto che pubblicizza le sue debolezze, vero? Immaginate uno spot per lo shampoo "certo, il nostro prodotto non è eccellente e rende i vostri capelli crespi, però è fatto con ingredienti biologici ha un ottimo odore!". Chi lo comprerebbe dopo aver visto quello spot? Invece tutti gli spot si concentrano sugli aspetti positivi del prodotto. Pensa a te stesso, stai cercando di vendere le tue capacità e i tuoi punti di forza a un potenziale datore di lavoro, quindi non menzionare le tue debolezze. Allo stesso modo, non discutere le circostanze negative della tua vita. Il tuo datore di lavoro vuole sapere perché sei un buon candidato per il lavoro, non su come ti sei recentemente divorziato, licenziato da un lavoro, ha fallito un corso universitario, o se sei stato abusato dai tuoi genitori. Queste non sono informazioni da includere in una lettera di presentazione, un curriculum vitae o un colloquio.

- Non includere dettagli non necessari

Alcune persone hanno storie di lavoro lunghe e confuse. Potrebbero essere passate da un lavoro temporaneo a quello successivo, lasciando loro una lunga lista di esperienze e risultati. Tuttavia, l'inclusione di tutto questo rende la lettura confusa e annoierà il lettore. Invece, analizza tutte le posizioni che hai ricoperto e chiediti: quali hanno esperienze rilevanti per questa specifica candidatura? Dovete scegliere di discutere le esperienze specifiche che vi aiuteranno con ogni singola lettera di presentazione, piuttosto che cercare di inserirle tutte.

- Non devi scrivere un libro

Se la tua lettera di presentazione non è corta e precisa, allora un datore di lavoro si stancherà semplicemente di leggerla. Possono anche gettarla da parte. La vostra lettera di presentazione non è pensata per essere un romanzo a più pagine. Mantenete la vostra lettera della lunghezza non superiore a una pagina. Alcune persone scrivono anche solo mezza pagina di contenuto. Un sondaggio ha rilevato che il settanta per cento dei datori di lavoro preferisce lettere di presentazione che non superano mezza pagina di contenuti.

- Non usare commenti e frasi brevi o banali

Commenti brevi e banali, come "Sono il candidato perfetto per questa posizione", o "Sono un noto giocatore di questa squadra", non faranno altro che far rabbrividire il lettore. È possibile utilizzare la fiducia e mettere in evidenza i propri punti di forza senza essere brevi o banali. Ad esempio, potreste dire: "Con le mie capacità organizzative e la capacità di comunicare in modo conciso e preciso, credo che sarei adatto alla posizione di impiegato", oppure "Durante la mia esperienza di volontario a Brighter Future sono stato in grado di rafforzare le mie capacità di lavoro di squadra, che mi aiuteranno nella posizione di Floor Manager".

- Non esagerate

Anche se certamente vorreste discutere di ciò che apprezzate dell'azienda e degli obiettivi che condividete con la sua missione, non dovete utilizzare tutta la vostra lettera per l'azienda. Questo vi farà sembrare solo falsi. Non solo questo, ma sprecherà anche l'opportunità di discutere il motivo per cui sei adatto al lavoro.

Se terrai a mente tutti questi suggerimenti e ti prenderai il tuo tempo, puoi davvero ottenere una lettera di presentazione magistrale. Tuttavia, cosa potreste scrivere se avete poca esperienza, nessuna esperienza rilevante o se siete appena laureati? E 'sempre difficile cercare di entrare in un nuovo campo di lavoro, soprattutto se non hai avuto già un lavoro in passato. Ma ciò è tutt'altro che impossibile! Infatti, una lettera di presentazione è molto più facile da scrivere con poca o nessuna esperienza sul curriculum vitae. Questo perché le lettere di presentazione non riguardano esclusivamente i tuoi successi passati, ma piuttosto il motivo per cui credi di essere un buon candidato per la posizione. Anche se hai poca o nessuna esperienza lavorativa, ti sei appena laureato o hai solo un diploma di scuola superiore, puoi comunque impressionare il manager e il datore di lavoro con la tua lettera di presentazione.

Sì, potresti non avere l'esperienza ideale. Tuttavia, quasi tutti hanno una certa quantità di esperienza trasferibile. Potreste dover guardare al vostro passato e considerare a fondo come le vostre capacità ed esperienze possono essere trasferite al posto di lavoro, ma sono sicuro che avete qualcosa da offrire. Questa esperienza non deve nemmeno provenire da un lavoro o da un diploma di scuola superiore, possono essere lezioni apprese al liceo, esperienze acquisite attraverso hobby, o durante il volontariato.

Se avete una laurea, assicuratevi di discuterne prima di tutto questo e di tutti i punti di forza e le competenze che avete appreso da questa esperienza. Le persone apprendono un patrimonio di conoscenze all'università, comprese molte abilità che non erano specifiche per la loro laurea. Per esempio, mentre la vostra laurea può essere in graphic design, avete comunque imparato a ricercare, a pensare in modo indipendente e a comunicare idee astratte. Potresti aver appreso queste competenze nel processo della tua laurea in graphic design, ma possono essere un punto di forza utile anche su molti lavori al di fuori di quel campo specifico.

Se hai fatto qualche lavoro o avuto qualche esperienza di volontariato in passato, compresi i lavori part-time o di breve durata estiva durante le scuole superiori, puoi menzionare anche questi. Naturalmente, se avete molto lavoro ed esperienza di volontariato non c'è bisogno di elencare tutte le posizioni che avete ricoperto. Quando menzionate una qualsiasi esperienza bisogna essere sicuri che queste si possano trasferire al nuovo lavoro al quale vi state candidando.

Se hai qualche hobby o sei stato membro di un club, puoi anche menzionarli. Potrebbero non essere così illustri come le precedenti esperienze scolastiche e lavorative, ma se vi prendete il tempo per spiegare le competenze acquisite nel processo e come queste stesse competenze possono farvi diventare una risorsa per l'azienda, allora anche queste possono aiutare a rafforzare la vostra lettera di presentazione. Per esempio, se scrivi romanzi nel tempo libero, questo ti darà maggiori capacità di comunicazione e capacità di scrittura, aiutandoti a candidarvi per una posizione di impiegato d'ufficio, in cui la comunicazione e la capacità di scrittura sono importanti.

Linee guida lettera di presentazione anche senza esperienza

Quando create la vostra lettera di presentazione, che abbiate una grande esperienza o una mancanza di esperienza, provate a seguire questa semplice linea guida:

1. **Informazioni di contatto**
   Ogni volta che si inizia una lettera di presentazione, è indispensabile lasciare le informazioni di contatto nell'angolo superiore della pagina. È possibile farlo nell'angolo a sinistra o a destra. Quando si digitano queste informazioni, si deve scrivere nome, città di residenza, numero di cellulare e indirizzo e-mail professionale. Non è necessario includere l'indirizzo completo di casa, al fine di preservare la vostra privacy. Se applicabile, è possibile includere anche le informazioni su LinkedIn e Twitter. Dopo aver scritto le proprie informazioni di contatto, si devono scrivere i dati della società a cui si sta facendo domanda. Questo include il nome dell'azienda e la città di residenza.

2. **Saluti**
   Come abbiamo già detto in precedenza, dovete salutare il responsabile delle assunzioni per nome. Per fare questo, guarda la domanda di assunzione o chiama direttamente l'azienda. Non vuoi semplicemente scrivere "Caro Manager Assunzioni", a meno che non sia assolutamente necessario. È sempre meglio usare direttamente il loro nome.

3. **Introduzione**

Durante il paragrafo introduttivo, fate sapere al manager chi siete, un po' del vostro background, i punti di forza e l'entusiasmo che avete per l'opportunità di lavorare con la loro azienda. È fondamentale menzionare sempre in modo specifico la posizione per la quale sei interessato a candidarti e il modo in cui ne sei venuto a conoscenza. Sia che tu sia venuto a conoscenza attraverso un amico, da qualcuno in azienda, online, o semplicemente chiamando per controllare le posizioni aperte, l'azienda lo vuole sapere. Esempio: "Ciao, il mio nome è John/Jane Doe, e mi sono laureata in giornalismo alla New York University, classe 2018. Ho sempre amato Captivated Magazine, e quando ho saputo dell'apertura della posizione di Editor dal mio ex compagno di classe, Tom Smith, ho pensato di fare domanda".

4. **Corpo del testo**

Nel testo del corpo, è necessario scrivere da due a quattro paragrafi, da mezza pagina a una pagina intera. Questa parte della tua lettera di presentazione è incredibilmente importante, in quanto serve come metodo per illustrare le tue capacità, la tua forza e dimostrare che sei un candidato meraviglioso per la posizione. Anche se hai poca o nessuna esperienza lavorativa precedente, va bene. Invece di lavorare, puoi sottolineare le abilità e i punti di forza che hai sviluppato attraverso l'università, le scuole superiori, il volontariato, i club e le società, così come gli hobby. Alcuni di questi sono più difficili da usare in modo convincente di altri, ma se ci pensi davvero un po', sono sicuro che puoi pensare a varie abilità che hai imparato. Il primo passo per rendere credibili queste esperienze e i punti di forza che hai imparato attraverso di esse è quello di crederci da soli. È necessario rimanere onesti. Per esempio, forse un hobby come l'equitazione ti ha insegnato la pazienza, la perseveranza, il lavoro manuale e la ricerca. Esempio: "Sono il candidato ideale se ha bisogno di un lavoratore che sia in grado di comunicare agevolmente, di realizzare i progetti in tempo e che abbia un'etica del lavoro positiva. Durante il mio servizio al Paw Print Rescue, sono stato in grado di comunicare con successo con oltre venti clienti ogni giorno, aiutandoli a trovare il compagno perfetto da portare a casa, esprimendo al contempo le esigenze e le preoccupazioni uniche dell'animale. Sono stato in grado di coordinare e gestire campagne di raccolta fondi, in cui ho rispettato le mie scadenze nei tempi previsti, portandoci a raccogliere ben oltre 2.000 euro per evento. Grazie alla mia esperienza in Paw Print Rescue, ho imparato a comunicare con un'ampia gamma di persone, a lavorare in tempi ristretti, a rimanere positivo ed entusiasta anche nello svolgere compiti quotidiani banali, a comprendere intuitivamente le esigenze di un cliente e a svolgere tutto in modo efficace e multitasking. Credo che di questi punti di forza appresi attraverso il duro lavoro, ne potrò beneficiare all'interno di Jim's Paper Co., proprio nel ruolo di Assistant Manager".

5. **Conclusione**
   Dopo aver scritto da due a quattro paragrafi del corpo del testo, è il momento di concludere. In questo paragrafo, è necessario concludere il tutto, ribadire perché credete di essere un candidato forte, esprimere ancora una volta il vostro interesse per la posizione e l'azienda, e ringraziare il responsabile delle assunzioni per il tempo dedicato alla revisione della vostra candidatura. Alla fine, dovete firmare con il vostro nome e "Sinceramente" o "Cordialmente", in quanto si tratta di professionisti.

Ora avete tutte le conoscenze necessarie per creare una lettera di presentazione stellare.

Capitolo 3: perfezionare il Curriculum Vitae

Abbiamo parlato a lungo dell'importanza della lettera di presentazione, ma altrettanto importante è il curriculum vitae. Lo scopo di questo documento è quello di dare al responsabile delle assunzioni e al datore di lavoro un'idea del vostro passato professionale, educativo e personale in un breve riassunto.

Nonostante la lettera di presentazione e il curriculum vitae siano molto diversi, c'è spesso confusione su entrambi. La gente crede che i due siano più simili di quanto non sia e questo porta molte persone a lasciare informazioni superflue. Se si vuole lasciare una buona impressione, è fondamentale comprendere a fondo sia la lettera di presentazione che il curriculum vitae, in modo da poterli creare bene.

Sia i curriculum vitae che le lettere di presentazione sono lunghi circa una pagina... ma qui che finiscono le loro somiglianze! Una lettera di presentazione è progettata per entrare nei dettagli su ciò che sono i vostri punti di forza e per vendere al responsabile delle assunzioni la vostra capacità di migliorare l'azienda. D'altra parte, il curriculum menziona solo brevemente le credenziali del passato, i risultati e le pubblicazioni. Ciò significa che, mentre un curriculum fornisce a una persona una visione molto ampia della vostra storia educativa e professionale, la lettera di presentazione fornisce una visione dettagliata e approfondita dei fattori importanti, delle vostre abilità uniche e della vostra personalità.

In questo capitolo, imparerai come creare il curriculum perfetto per la nostra società moderna attuale, come impressionare senza ingannare, cosa fare se hai poca esperienza o se hai passato lunghi periodi senza un lavoro, errori da evitare, ed esempi di curricula ben fatti.

Creare il tuo Curriculum Vitae

Mentre c'è generalmente un solo formato per la vostra lettera di presentazione, ci sono diversi tipi di formati che possono essere utilizzati per creare il vostro curriculum vitae. Questo include un formato funzionale, cronologico e una combinazione dei due. Prima di iniziare a scrivere il tuo curriculum, devi prima decidere quale di questi due metodi utilizzare.

1. Funzionale:

Il formato del curriculum funzionale è ideale per le persone che non hanno un'esperienza lavorativa rilevante o che stanno cambiando carriera. Questo perché mette in evidenza le loro abilità uniche, permettendo a tutti, non importa la loro storia lavorativa, di mettere il loro miglior profilo lavorativo in avanti. In questo modo, il formato funzionale è più simile ad una lettera di presentazione. Tuttavia, pur condividendo somiglianze con la lettera di presentazione, serve comunque a uno scopo diverso e non dovrebbe essere ridondante.

2. Cronologico:

Il formato cronologico è il formato più comunemente utilizzato (ad esempio nel CV formato Europeo), in quanto è ideale per mostrare una carriera più lunga e tutta la propria esperienza.

3. Combinazione:

Se non si è sicuri di quale dei due metodi si desidera utilizzare, oppure se si dispone sia di un impressionante insieme di competenze e storia lavorativa, allora si può utilizzare un formato combinato.

Questo tipo di curriculum vitae mette in evidenza sia la tua esperienza lavorativa che le tue capacità in egual misura.

Se decidete di non inviare un CV Europeo (quindi con tutto il CV preimpostato) e volete provare a differenziarvi, indipendentemente dal formato che utilizzerai per il tuo curriculum, è importante avere un buon layout. Dopo tutto, la prima cosa che qualcuno noterà è se è visivamente attraente o meno. Si deve evitare un curriculum disordinato che è difficile da leggere. Invece, si dovrebbe mantenere il curriculum su una singola pagina con abbondanza di spazi bianchi e margini, intestazioni di sezione chiare e font di facile lettura di altezza 12.

Le sezioni del tuo curriculum dovrebbero includere informazioni di contatto, titolo professionale, competenze, riassunto del curriculum professionale, esperienza lavorativa e formazione.

Il modello esatto che usi per il tuo curriculum può dipendere anche dall'azienda a cui ti stai candidando. Per esempio, se ti candidi a una posizione di graphic design, vorrai fare qualcosa di più creativo e di più sorprendente dal punto di vista visivo. D'altra parte, se si sta applicando ad una nuova startup focalizzata su Millennials, allora si desidera un modello più moderno. Per fortuna, ci sono molti programmi di modelli che potete usare gratuitamente o per pochi soldi online.

Quando si crea il proprio curriculum personalizzato, è possibile includere un brevissimo riassunto nella parte superiore della pagina.

Con il riassunto, si tenta di dare al responsabile delle assunzioni e al datore di lavoro una rapida visione della tua esperienza e delle competenze che ti rendono più attraente come candidato all'assunzione. Lo scopo di questa sintesi è quello di colpire le persone e portarle a leggere, a conoscerti meglio.

Per esempio: "Abile nel gioco di squadra, competenze in leadership, comunicazione, positività, creatività e problem-solving. Con una recente esperienza lavorativa come responsabile e specialista della comunicazione".

Analogamente al riassunto, lungo la parte superiore della pagina si può posizionare anche l'obiettivo. Questo può aiutare il datore di lavoro a sapere che l'individuo sa quello che vuole e che possiedono le competenze necessarie per la posizione di lavoro. Tradizionalmente, un obiettivo si riferisce gli obiettivi di carriera.

Per esempio: "Alla ricerca di una posizione come assistente medico dove posso utilizzare le mie capacità di problem-solving, comunicazione e adattabilità.".

Ovviamente tutto ciò se optate per un CV non di formato Europeo che potete tranquillamente trovare online. La compilazione è semplice e intuitiva.

Oggi sono richiesti questi curricula perché essendo standard non permettono di differenziarsi visivamente e dunque le competenze inserite all'interno dovrebbero avere un maggior impatto sulla scelta di un candidato o di un altro.

Curriculum Vitae senza esperienza

Scrivere un curriculum vitae è spesso un'esperienza stressante, il che è particolarmente vero se si ha poca o nessuna esperienza professionale. Dopo tutto, è necessario un lavoro per acquisire esperienza, ma viceversa, è necessaria l'esperienza per ottenere un lavoro. Può essere un processo incredibilmente gravante. Tuttavia, solo perché ti manca l'esperienza professionale non significa che non hai altri tipi di competenze ed esperienze da condividere nel tuo curriculum. È ancora possibile creare un curriculum sorprendente che catturerà l'attenzione di un manager di assunzione e datore di lavoro.

In primo luogo, è necessario iniziare facendo una lista di tutto ciò che avete mai fatto che potrebbe essere incluso in un curriculum. Questo include tirocini, attività di volontario, abilità e anche hobby. Dopo aver creato questo elenco, è necessario trovare le migliori opzioni per il tuo curriculum e pensare alle varie competenze che queste attività e risultati ti hanno insegnato. Per esempio, potrebbero averti insegnato le abilità organizzative, il budgeting, o il lavoro di squadra.

Piuttosto che concentrare il tuo curriculum su precedenti esperienze lavorative, cerca di concentrarti sui risultati, le conoscenze e le competenze individuali. Questo è conosciuto come curriculum vitae funzionale, lo stesso che abbiamo discusso all'inizio di questo capitolo. Utilizzando questo formato, è possibile evidenziare i vostri punti di forza e le vostre capacità, pur non avendo una lunga lista di esperienze professionali. Queste competenze non devono necessariamente essere il risultato di un lavoro precedente. Possono provenire da qualsiasi esperienza della vostra vita.

Potete anche scegliere di concentrarvi sui vostri risultati scolastici e sulle abilità che avete sviluppato durante quel periodo. Questo è più facile per i laureati, ma anche i diplomati delle scuole superiori hanno la possibilità di rivendere le proprie esperienze maturate durante il loro tempo a scuola. Queste competenze possono essere incluse nel curriculum vitae. Considerate le scelte che avete preso durante la scuola, le ragioni per cui le avete prese, e quello che avete imparato. Se applicabile al tuo lavoro questo può rafforzare il tuo curriculum.

Anche se non tutti hanno il lusso di permettersi di utilizzare il proprio tempo per stage non retribuiti, sarebbe utile averne fatti alcuni. Dopo tutto, anche se i tirocini non retribuiti non ti danno ancora una reale esperienza nel mondo del lavoro, ti permettono di sviluppare connessioni, e ti aiutano a costruire più competenze che potrai utilizzare nei tuoi futuri lavori. Quindi, anche se non hai completato alcun tirocinio al momento, puoi considerare la possibilità di fare uno stage a breve termine o part-time prima di fare domanda di lavoro.

I sondaggi hanno dimostrato che i manager prendono in considerazione l'esperienza di volontariato al momento dell'assunzione. Pertanto, se avete già fatto volontariato in passato includete questo aspetto nel vostro curriculum. Questo potrebbe significare che puoi includere il tuo tempo di volontariato in un rifugio per animali, presso un centro di raccolta per terremotati, o i tuoi talenti/hobby (come il web design o il copywriting) in un'organizzazione locale senza scopo di lucro.

Scrivere un curriculum con poca o nessuna esperienza lavorativa passata richiede tempo, ma può essere fatto. Prendetevi il tempo necessario per considerare il vostro passato e le vostre capacità. Prendetevi il vostro tempo, siate pazienti e credete in voi stessi.

Come giustificare un lungo periodo senza lavoro

Ci sono molte ragioni per cui una persona può prendersi del tempo libero dal lavoro. Ciò può avvenire per scelta, ad esempio quando una persona è in viaggio, per prendersi cura di un bambino o per tornare a scuola. Tuttavia, può anche essere contro la volontà di una persona, quando ad esempio viene licenziata. Questo può essere difficile da spiegare, causando molta ansia per una persona che scrive il suo curriculum.

Se hai avuto una lacuna nella tua storia lavorativa, non hai l'obbligo di richiamarla all'attenzione nel tuo curriculum. Non c'è l'obbligo di includere tutta la tua esperienza lavorativa.

Provate questi quattro suggerimenti per migliorare le vostre possibilità di essere assunti, nonostante le lacune nella vostra storia lavorativa:

1.Cambia il formato

Cambiando il formato del tuo curriculum, puoi rendere meno evidenti le lacune nella tua carriera lavorativa. Ad esempio, se di solito si aggiungono le date di lavoro in grassetto, utilizza invece un carattere regolare, per far sì che un occhio non lo noti così tanto. Si potrebbe anche utilizzare un carattere più piccolo per le date. Questo significa che se si usa un font a dodici punti per il proprio curriculum, è possibile elencare le date nel font a dieci punti.

2.Omettere l'esperienza:

Non sei obbligato a condividere tutte le tue esperienze di lavoro sul curriculum. Infatti, i manager di assunzione sono abituati a persone che abbandonano aspetti della loro carriera, che non sono applicabili o rilevanti per posizione. Per la maggior parte delle posizioni, è sufficiente includere solo le esperienze dell'ultimo decennio. Tuttavia, se siete alla ricerca di una posizione manageriale o di alto livello, dovreste includere gli ultimi quindici anni di esperienza. Se c'è qualche esperienza durante questo periodo di tempo che si ritiene non rafforzi il proprio curriculum, allora è possibile rimuoverlo.

3.Includere le esperienze acquisite:

Non tutta l'esperienza la acquisisci in campo lavorativo. Potreste aver acquisito altre esperienze e competenze che possono essere di beneficio in una nuova posizione lavorativa mentre eravate in un periodo di pausa dal lavoro. Per esempio, durante il suo tempo libero ha svolto attività di volontariato? Hai frequentato qualche corso? Queste e altre esperienze possono essere incluse nel tuo curriculum.

Per esempio, se dovessi rimanere a casa per prenderti cura di un parente malato, potresti scrivere: *"Persone assistite con esigenze quotidiane, igiene personale, rotazione delle pozioni e trasferimento dalle sedie al letto"*, oppure *"Ho supervisionato l'assunzione di farmaci, le routine di esercizi, il trasporto, le attività ricreative e gli appuntamenti con i medici.".*

4. Usa le date a tuo vantaggio:

I numeri non devono per forza essere uno svantaggio; possono anche aiutarvi. Questo perché quando elenchi le date sul tuo curriculum per le posizioni di lavoro non c'è bisogno di menzionare sia il mese che l'anno in cui hai lavorato nella posizione se hai lavorato lì per oltre un anno. Ad esempio, se hai lavorato in un'azienda solo per due mesi dovresti scrivere "Agosto 2017 - Ottobre 2017". Tuttavia, se hai lavorato per un'azienda da "Novembre 2017 - Gennaio 2018", potresti solo scrivere "2017-2018" anche se per il resto dell'anno 2018 non hai mai lavorato. Giocando con le date omettendo i mesi è facile coprire anche intervalli di pausa dal lavoro di quasi due anni (ad esempio se hai lavorato fino a Gennaio 2018 e ripreso a lavorare a Dicembre 2019).

Rafforza il tuo curriculum rimanendo onesto

Mentre scriverai il tuo curriculum cercherai di mettere in risalto le tue doti migliori cercando di nascondere quelle di cui non vai fiero. È una cosa normale fare questo, tuttavia mentire non è mai una buona idea. Se vieni scoperto puoi mettere a repentaglio tutti gli sforzi fatti e danneggiare sia la tua integrità che la tua reputazione. Ma ci sono dei casi in cui è meglio non dirla tutta. Alcune persone sono disposte ad accettare qualsiasi lavoro. Forse non hanno il lusso di poter scegliere il lavoro che desiderano e devono accettare tutto quello che capita. Oppure, forse qualcuno sta semplicemente cercando di raccogliere un po' di soldi per un breve periodo di tempo per poi lasciare il lavoro. Tuttavia, affermare chiaramente queste cose non farà altro che lasciarvi senza alcuna opportunità di lavoro.

Ricordate, tutto ciò che interessa all'azienda è sapere che siete capaci, che avete le competenze necessarie per la posizione, l'esperienza che affermate e il desiderio di ottenere il lavoro. In verità, alle aziende non importa di nient'altro. In realtà, molte aziende non si preoccupano nemmeno se i loro dipendenti sono felici di lavorare per loro fintanto che il lavoro viene fatto.

Quindi stai rilassato, l'azienda non si aspetta che tu sia un drone senza cervello. L'unico obiettivo da tenere in mente per un colloquio è che l'immagine che dovrà uscire è che, se assunti, voi e l'azienda vi avvantaggerete a vicenda in un modo o nell'altro. Se il tuo unico obiettivo per lavorare con un'azienda è il denaro, questo è perfettamente normale! Tuttavia, ciò non significa che devi metterlo in chiaro. Considera questo obiettivo di curriculum vitae:

"Ingegnere ambientale con oltre sei anni di esperienza professionale in collaborazione con l'Aeronautica Militare con competenze in ingegneria edilizia verde. Laureato presso l'Università Pinco Pallino, corso di laurea in Ingegneria Civile.".

Leggendo questo curriculum vitae, si evince solo come l'individuo sia estremamente qualificato. Non si potrebbe mai immaginare che in realtà è una persona che pensa solo a guadagnare il più possibile. Non è una cosa che interessa all'azienda, perché finché il lavoro è ben fatto, a nessuno importa se si lavora per soldi, scommessa o qualsiasi altra motivazione. Puoi quindi aumentare le tue possibilità di essere assunto senza dover mentire, omettendo ciò che all'azienda non interessa e concentrandoti sui tuoi risultati e sulle tue capacità piuttosto che sui compiti che hai completato.

Fallo in modo intelligente. Una cosa è scrivere "Ho pulito i pavimenti, i bagni e i tavoli" (cosa certamente onorevole ma descritta in modo pessimo) una cosa è scrivere "Ho gestito l'igiene in un istituto universitario con oltre 12000 tra studenti e docenti.".

Suggerimenti e trucchi

Ora che avete un'idea generale di come dovrebbe essere il vostro curriculum, esaminiamo alcuni suggerimenti per aiutarvi a perfezionare e lucidare il vostro curriculum alla perfezione.

Rapidamente cosa fare e non fare:

- Alcuni degli errori più comuni che le persone fanno sui loro curricula sono nelle informazioni di contatto. Questo è il posto peggiore per commettere un errore, perché anche se il datore di lavoro desidera assumervi, potrebbe non avere modo per contattarvi. Fate molta attenzione alla vostra sezione contatti e assicuratevi che tutte le informazioni siano corrette.

- Come minimo, è necessario includere il vostro nome, la città di residenza, l'indirizzo e-mail e il numero di cellulare per le informazioni di contatto.

- Se hai dei social media professionali, considera la possibilità di collegarlo al tuo curriculum. Questo è più prezioso quando si tratta di LinkedIn e Twitter, ma si potrebbe anche scegliere di utilizzare il vostro Instagram. Tuttavia, se il vostro social media è eccessivamente personale, allora è meglio tenerlo fuori dal vostro curriculum.

- Evita l'uso di informazioni personali nel tuo curriculum, come religione, stato civile o nazionalità.

- Non utilizzare mai un indirizzo e-mail non professionale, come HotGuy86@Hotmail.Com. Invece, crea un'e-mail professionale con Gmail o con il tuo nome di dominio.

Ricerca le parole chiave:

Prima di iniziare a scrivere il tuo curriculum, devi prima cercare quali parole chiave sono importanti nel tuo campo di lavoro e ti aiuteranno a farti notare durante la lettura del tuo curriculum. Questo è importante allo stesso modo come lo è per la tua lettera di presentazione. Molti datori di lavoro eseguiranno sia le lettere di presentazione che i curricula che ricevono tramite software per la ricerca di parole chiave. Al fine di evitare che il tuo curriculum vitae venga gettato via prima che venga letto, devi essere sicuro di usare queste parole chiave.

Ci sono alcune parole chiave di base che puoi usare per quasi tutte le posizioni (come quelle menzionate nel capitolo precedente), ma ci sono anche parole chiave importanti per specifiche posizioni di lavoro.

Ad esempio alcune parole chiave per i grafici includono: visivo, Adobe, concetti, colore, layout, marketing, PhotoShop, creativo, strategia, layout, artista, agenzia, portfolio, media, dettagli, grafica, illustratore.

Usa Font Professionali:

Non si deve mai usare un font di difficile lettura, o qualcosa di insolito come il Comic Sans. Invece, usa un carattere di base e professionale, come Times New Roman, Arial, Calibri, Georgia, Cambria, Helvetica, o Trebuchet MS. Quando si utilizzano questi font, si desidera che siano abbastanza grandi da poter essere letti senza diventare ingombranti. Di solito, dodici punti è la dimensione migliore, ma si può scendere anche a dieci.

Quando si scrive, si deve evitare di creare un muro di lettere davanti, in quanto questo diventa difficile da leggere e manca di fascino visivo. Invece, si deve fare uso di paragrafi più brevi per consentire di avere più spazi bianchi, il che aumenta la leggibilità. Tuttavia, allo stesso tempo, non si deve lasciare una quantità eccessiva di spazi bianchi. Altrimenti, il vostro curriculum vi sembrerà scarsi e carente. Gioca con la grandezza dei caratteri (10-11-12) per trovare la soluzione migliore in base alla quantità di informazioni che hai inserito. Puoi variare anche la spaziatura interlinea per sopperire ad eventuali vuoti o per inserire una frase in più.

Metti il tuo miglior piede avanti!

Anche se avete una vasta esperienza educativa, di lavoro e di volontariato, è importante non sovraccaricare il lettore. Non si deve annoiare il responsabile delle assunzioni con decine e decine di informazioni. Infatti, i sondaggi hanno scoperto che in media i responsabili delle assunzioni passano solo SEI SECONDI a leggere un curriculum vitae. Pertanto, è importante cercare di mantenere il tuo curriculum breve e con le informazioni chiave.

Rimuovete tutte le informazioni obsolete o irrilevanti. Date la priorità all'inclusione delle vostre abilità, risultati, istruzione ed esperienze lavorative che posano maggiormente interessare al datore di lavoro.

Trova esempi di CV online:

Prima di iniziare a scrivere il tuo curriculum, cercane qualcuno online, possibilmente con date vicine al presente in modo da visualizzare anche le ultime tendenze in fatto di layout.

Tuttavia, tenete presente che non si dovete utilizzare i campioni di curriculum vitae come modelli ma piuttosto come guide. Non copiate, siate originali e descrivete voi stessi.

Evidenzia i risultati importanti:

Piuttosto che elencare i compiti che ti sono stati assegnati nelle posizioni precedenti, è meglio evidenziare invece alcuni dei risultati che hai ottenuto nei lavori precedenti. Questo è particolarmente vero quando si è in grado di includere metriche che dimostrino i propri risultati. In questo modo, il lettore è in grado di farsi un'idea non solo dei compiti che puoi portare a termine sul lavoro, ma anche del perché sei una buona scelta.

Utilizza solo le sezioni necessarie:

Che tu stia creando il tuo modello di curriculum vitae o utilizzandone uno precompilato uno online o quello Europeo probabilmente scoprirai che ci sono alcune sezioni che possono non esserti utili.

Protresti ad esempio non aver bisogno di fare il mini riassunto iniziale e inserire l'obiettivo. Se non ti sei mai laureato, allora puoi lasciare fuori la sezione educazione a meno che tu non abbia fatto qualcosa di veramente impressionante oppure scegliere di sostituirla con una per il lavoro volontario, stage, o altri risultati generali.

Se non siete in grado di elencare più di due punti di sotto una sezione, cercate di vedere se è possibile combinarla con un'altra.

Hobbies e interessi:

Una delle domande più comuni da parte è se si possono includere o meno i propri interessi e i propri hobby in un CV. La verità è che questo dipende da situazione a situazione.

Ad esempio se l'hobby di una persona è altamente rilevante per la sua carriera o attinente per la sua posizione lavorativa individuale, allora potrebbe aver senso includere la propria sezione "Hobby". Se sei candidato per una posizione di ingegnere informatico puoi benissimo scrivere che hai l'hobby di creare siti internet e blog.

Usa frasi brevi:

Il tuo curriculum è pensato per essere breve e diretto. Tuttavia, a volte, le persone scrivono frasi troppo lunghe. Nei sei secondi di tempo che saranno riservati alla lettura del tuo curriculum, il manager delle assunzioni potrà leggere una frase lunga e forse capire due tue qualità, oppure quattro frasi brevi e potenti. La seconda scelta è ovviamente la migliore. Inoltre le frasi brevi e potenti possono invogliare a restare qualche secondo in più sul tuo curriculum.

Margini:

È importante considerare i margini che si utilizzano sul curriculum, in quanto influisce sulla leggibilità. In genere, è consigliabile un margine di un pollice su tutti i lati della pagina.

Proofread:

Non inviare mai il tuo curriculum prima che sia stato correttamente revisionato. È necessario utilizzare più cicli di correzione di bozze; una sola lettura non è sufficiente. Questo significa che devi leggerlo subito dopo averlo scritto, poi metterlo da parte e rileggerlo di nuovo nel corso della giornata o nel giorno successivo, poi stamparlo e leggerlo nuovamente e infine chiedere a un familiare o a un amico di fiducia di leggerlo per voi. Questo può sembrare eccessivo, ma gli errori possono facilmente nascondersi, specialmente alla persona che ha di fatto scritto.

Decide If You Need a Unique Resume:

Prima di inviare il tuo curriculum vitae, devi chiederti se hai reso più facile per il datore di lavoro vedere se sei qualificato per la posizione. Per esempio, alcune persone avranno un unico curriculum vitae che invieranno ad ogni domanda di lavoro. Certo, potrebbero sentirsi rispondere ed essere convocati per un colloquio, tuttavia perderanno molte altre opportunità perché non l'hanno personalizzato per diverse posizioni di lavoro. Dopo tutto, non tutti i lavori sono uguali. Inviando lo stesso curriculum a tutti, si sprecano molte opportunità. Pertanto, anche se si dispone di un curriculum standard che si usa frequentemente, prima di inviarlo a una specifica domanda di lavoro leggerlo di nuovo e chiedersi se possa essere migliorato in base alla posizione lavorativa aperta. Potrebbe essere necessario modificare anche solo una o due frasi, ma queste potrebbero fare la differenza. Altre volte, il tuo curriculum potrebbe aver bisogno di cambiamenti più drastici. Se sperate di ottenere un colloquio di lavoro, il curriculum è spesso il primo passo del processo. Pertanto, è imperativo che si utilizzino informazioni accurate, recenti e pertinenti che siano ben organizzate e facili da leggere. Perfezionando il proprio curriculum adattandolo di volta in volta porterà certamente a vantaggi evidenti.

Capitolo 4: superare il colloquio

Ora che sei arrivato al grande colloquio, devi iniziare a prepararti per superarlo e ottenere il lavoro per il quale hai lavorato sodo. Nonostante può essere spaventoso andare in un colloquio di lavoro, soprattutto per coloro che non hanno mai avuto un lavoro in passato, ci sono modi semplici per potersi preparare. I colloqui sono un processo calcolato, sia da parte dell'intervistato che dell'intervistatore. Comprendendo questo processo, è possibile soddisfare le aspettative dell'intervistatore e fare una buona impressione. In questo capitolo, si spiega come prepararsi nel migliore dei modi.

Tipi di colloqui di lavoro

C'è più di un tipo di intervistatore. Ognuno di questi tipi richiede un approccio diverso, ed è importante sapere come si svolgerà il colloquio. Quando si discute con il primo selezionatore, non esitate a chiedere che tipo di colloquio si dovrà affrontare, in quanto è vantaggioso per tutti se sarete ben preparati.

I tipi di interviste possono essere i seguenti:

- Chiamata telefonica

  I colloqui telefonici sono spesso un modo per risparmiare tempo e denaro mentre si vagliano le candidature per trovare candidati più solidi. Se dovesse andare bene, vi sarà chiesto di andare personalmente per un nuovo colloquio faccia a faccia. Questo tipo di colloquio è spesso utilizzato anche quando vi candidate per una posizione a distanza. Allo stesso modo, potreste essere invitati a fare un pre-colloquio con una videochiamata via Skype.

- Colloquio di gruppo

Un panel di gruppo è un'intervista condotta con due o più intervistatori che pongono domande. Avendo più persone che pongono domande contemporaneamente al candidato, sono in grado di comprendere a fondo il candidato e le sue capacità. A volte, i panel di gruppo includono anche l'intervista simultanea di più candidati nella stessa stanza.

- Test di competenza

Il reclutamento, l'assunzione e la formazione di nuovi dipendenti costano parecchio. Pertanto, alcune aziende potrebbero richiedere un test di abilità dopo un colloquio personale. Una volta terminato il colloquio, vi chiederanno di completare un test o un esercizio direttamente collegato alle competenze necessarie per il lavoro. Se avete compilato correttamente e con onestà il vostro curriculum, questo non dovrebbe essere un problema, in quanto dovreste avere le competenze che la posizione richiede. Il tipo di test varia naturalmente a seconda della posizione offerta.

- Presentazione

Molte interviste prevedono l'ingresso in azienda di una persona per un colloquio faccia a faccia, nel corso del quale all'intervistato sarà chiesto di fare una presentazione. Lo scopo di questo è che l'intervistatore possa farsi un'idea della personalità, del contributo e delle capacità della persona. I tipi di presentazione richiesti variano, quindi assicuratevi di chiedere al manager di assunzione in anticipo quale dovrebbe essere l'argomento da trattare. Una presentazione ben consegnata dovrebbe aumentare le vostre probabilità di successo ed evidenziare le vostre capacità. Tuttavia, una presentazione non ben distribuita a causa della mancanza di competenze o conoscenze o a causa dell'ansia può causare l'effetto opposto.

- Colloquio standard

Il tipo di intervista più comune è piuttosto semplice. Ti siedi in una stanza con uno dei dirigenti dell'azienda, rispondi a una serie di domande e, se l'intervistatore è colpito, sei assunto o ti viene chiesto di tornare per ulteriori colloqui.

Il processo base

Se non avete alcuna esperienza lavorativa o solo un'esperienza limitata, allora potreste essere nervosi chiedendovi cosa mai potrete trovare durante il processo di colloquio. Per fortuna, si tratta di un processo semplice che è facile da capire.

Le fasi standard del colloquio possono cambiare leggermente da azienda a azienda, ma in generale, le interviste assumono il seguente formato:

1. La fase di pre-intervista

    Prima di un colloquio, avrete fornito all'azienda la vostra lettera di presentazione, il vostro curriculum vitae e qualsiasi altro documento richiesto. Questo permetterà loro di farsi un'idea di te come candidato. Durante questa fase, potrebbero telefonarvi per rispondere ad alcune domande (un mini colloquio telefonico) prima di essere chiamati per il colloquio principale. In questo modo il responsabile delle assunzioni può conoscervi un po' e inoltre ha elementi per fare una prima selezione.

2. L'inizio del colloquio

    Quando si entra in azienda per il colloquio, un altro dipendente o una segretaria potrebbe chiedervi di attendere che il responsabile delle assunzioni sia pronto a vedervi. La maggior parte delle volte, questo colloquio sarà uno contro uno con il responsabile delle assunzioni, ma può accadere di essere intervistati da un gruppo di esperti o di interloquire con qualcuno delle risorse umane.

    Una volta che siete nell'ufficio del manager, sarete accolti con una piccola introduzione sulla società e sulla posizione offerta. Il manager può chiedere informazioni su di voi comunque in modo molto soft, per rompere il ghiaccio. Questo aiuta il manager a conoscervi e al tempo stesso vi permette di rilassare i vostri nervi prima che le vere domande comincino.

Le interviste non sono mai identiche tra loro. Il responsabile delle assunzioni molto probabilmente vi farà domande su voi stessi e sulla vostra esperienza, domande sulla vostra personalità e sul vostro comportamento, e domande situazionali ipotetiche su ciò che potreste fare sul lavoro. Se vi state candidando per una posizione dirigenziale, vi potrebbe essere chiesto come affronterete una varietà di scenari gestionali.

Questa fase del colloquio può durare da mezz'ora a oltre un'ora.

3. Dopo le domande

Una volta che il responsabile delle assunzioni ha finito di porre le loro domande, molto probabilmente vedranno se avete domande personali sulla posizione di lavoro, l'azienda o le aspettative. Questo ti dà l'opportunità non solo di ottenere tutte le risposte di cui hai bisogno, ma anche di venderti un'ultima volta.

Dopo aver avuto la possibilità di fare domande, il manager probabilmente vi farà fare un giro dell'azienda e potrebbe anche presentarvi alcuni dei dipendenti.

Il colloquio si conclude spesso qui, ma vi potrebbe essere chiesto di completare un test di abilità o una presentazione.

Non aspettatevi che il manager vi dica se siete stati assunti o meno una volta terminato il colloquio. È probabile che abbiano bisogno di tempo per prendere in considerazione tutti i candidati e discutere la questione con gli altri membri dell'azienda. Tuttavia, se non vi dicono quando potete aspettarvi una risposta, sentitevi liberi di chiedere prima di andare via.

4. Post-Intervista

Questa fase si svolge nei giorni successivi al colloquio. Questo periodo di tempo permette al responsabile delle assunzioni e a chiunque altro sia responsabile del processo di assunzione di decidere se siete i più adatti al lavoro o meno. La maggior parte delle aziende vi darà una risposta entro una o due settimane. Tuttavia, alcune aziende impiegano più tempo per prendere una decisione o vi chiederanno di presentarvi per un colloquio secondario con un altro dei dirigenti.

Ricordate, anche se non ottenete il lavoro, non è una perdita di tempo. Completando i colloqui, avete la possibilità di mettere in pratica le vostre capacità di colloquio per il futuro.

Pulisci I tuoi Social Media

Se pensi che i tuoi social media non siano importanti nel processo di ricerca di lavoro, ripensaci. Infatti, un sondaggio ha rilevato che il settanta per cento dei datori di lavoro utilizza i social media di una persona per selezionare i candidati. Questo include LinkedIn, Twitter, Instagram, Facebook, Tumblr e altro ancora. In realtà, questa statistica è del 2017, e il numero di datori di lavoro che utilizzano i social media è probabilmente in aumento.

Pertanto, al fine di continuare a mettere in mostra il proprio profilo migliore, è necessario ripulire i social media. Idealmente, lo farete prima di inviare il vostro curriculum. Ma, per lo meno, dovreste farlo una volta che avete sentito parlare della possibilità di poter sostenere un colloquio. Questo non significa che devi cancellare tutti i tuoi account dei social media, ma devi guardarli in modo più critico. Per esempio, se hai twittato negativamente sul tuo lavoro precedente, questo manderà solo pensieri negativi ai potenziali futuri datori di lavoro.

Dal momento che un potenziale datore di lavoro cercherà i vostri account sui social media, se volete postare su argomenti personali, potreste considerare la possibilità di bloccare i vostri account personali in modo che solo i vostri amici o seguaci possano vedere il contenuto. Oppure, si potrebbe decidere di essere solo un nominativo, senza alcuna informazione identificativa o foto. In questo modo, puoi pubblicare ciò che vuoi e non danneggerà la tua carriera.

Sui tuoi account di social media professionali/pubblici dovresti evitare:

- Punti di vista politici e religiosi

- Argomenti controversi

- Relazioni e questioni personali

- Linguaggio violento o volgare

- Qualsiasi cosa di natura sessuale

- Reclami sulla tua carriera, sul tuo capo, sui tuoi colleghi o sulla tua ricerca di lavoro.

Anche se non c'è nulla di necessariamente sbagliato in tutto questo (sono solo idee personali), ciò può lasciare una cattiva impressione al vostro datore di lavoro. Se si desidera pubblicare un argomento di quelli in elenco, è bene utilizzare un account personale chiuso.

Ma, cosa puoi condividere sui tuoi social media professionali e pubblici?

Le seguenti cose potrebbero essere positive:

- Notizie sulla tua carriera e sul tuo settore

- Eventi quotidiani

- Aggiornamenti aziendali

- Prossime conferenze e webinar

- Foto o video di cose divertenti o interessanti (non divertenti) da fare nella tua città

Naturalmente, questa lista è per un account di social media strettamente professionale, come LinkedIn. Se il vostro social media è tipo Twitter, allora potete condividere più post divertenti che non vanno contro i "da non fare" elencati sopra. Per esempio, si potrebbe scegliere di condividere la visione degli ultimi film, foto carine di gatti, video di bambini, o i tuoi hobby.

Considerate la possibilità di eseguire una rapida ricerca di Google su voi stessi e vedere cosa vi restituisce il motore di ricerca. Quando si conduce questa ricerca, è importante farlo in modalità di ricerca "Incognito", in modo che tu veda gli stessi risultati imparziali che vedrebbe un datore di lavoro. In caso contrario, le ricerche passate e la cronologia del computer potrebbero alterare ciò che appare nel feed. Dovresti esplorare le prime pagine dei risultati.

Durante questa ricerca, dovresti tenere d'occhio le informazioni personali, come il tuo indirizzo, numero di telefono, e-mail o foto di te stesso.

Analizzare la domanda di lavoro

Prima del colloquio, è importante leggere più volte la domanda di lavoro. È fin troppo facile perdere una parte vitale della descrizione del lavoro, delle aspettative del datore di lavoro o delle competenze che stanno cercando. Scrivete un elenco dettagliato di tutto ciò che è applicabile, come le qualità personali, le conoscenze, le abilità o l'esperienza professionale che il datore di lavoro si aspetta. Una volta che avete questo elenco, potete assicurarvi di essere preparati per ciascuno dei criteri.

Ricerca l'azienda e la posizione

È importante che tu cocosca il più possibile sia la posizione lavorativa che l'azienda prima del colloquio. In realtà, questa è una delle parti più critiche del processo di preparazione del colloquio. Conoscendo il più possibile la posizione lavorativa e l'azienda, saprete quali domande potrebbe porre il responsabile delle assunzioni e che cosa si aspetta il datore di lavoro dai propri dipendenti.

Per fare questo, potete consultare il sito web dell'azienda. Dovrebbero avere una pagina sul sito web che vi parla specificamente di loro stessi e della loro missione. Se possibile, leggete l'intero sito web e gli account dei social media. Si potrebbe anche prendere in considerazione di guardare ad altre aziende del settore attraverso articoli di riviste, video di YouTube e ricerche di Google. Mentre ogni azienda ha le proprie caratteristiche distintive, le aziende dello stesso settore condivideranno anche caratteristiche simili.

Mentre si sta facendo ricerche sul campo, azienda e posizione di lavoro, scrivere tutte le domande che si potrebbe desiderare di fare durante il colloquio. Non c'è motivo di esitare o di essere nervosi di fare domande, in quanto lascia una buona impressione quando si è preparati con domande intelligenti. Dimostra che siete disposti a mettere nel lavoro tutto il vostro entusiasmo, cosa che il responsabile delle assunzioni avrà piacere vedere.

Scegli il giusto abbigliamento

È importante non aspettare fino all'ultimo minuto per decidere sul tuo abbigliamento per il colloquio. Questo è particolarmente vero per le donne, che sono tenute ad uno standard superiore. Un uomo può spesso farla franca con un abito semplice e pettinandosi bene i capelli, ma ci si aspetta che una donna si impegni di più nel suo abbigliamento e nel suo aspetto. Non è un discorso maschilista: ciò infatti è dovuto alla concorrenza interna. Infatti è molto facile che tutti gli uomini si presentino in modo non troppo impegnativo, o comunque con un semplice vestito. Le donne, per ciò che riguarda l'abbigliamento, sono quasi sempre in gara tra loro.

Considerare quale vestito si adatta meglio l'intervista. Se si conosce il codice di abbigliamento della società, si potrebbe opzionare per un abbigliamento che sia simile. Anche se si sta intervistando in una struttura più informale, è importante prendere tempo con il vostro aspetto.

Insieme con l'abbigliamento appropriato, assicuratevi che le scarpe siano in buone condizioni, i capelli siano puliti e ordinati, e se sei una donna di evitare un trucco esagerato. È possibile utilizzare profumo o dopobarba, ma assicuratevi anche qui di utilizzare solo la minima quantità. In caso contrario, si potrebbe lasciare una cattiva impressione se si tratta di un profumo troppo forte.

La pratica rende perfetti

È importante iniziare un'intervista con un saluto entusiasta, un sorriso e una stretta di mano ferma. Se non siete sicuri della vostra capacità di farcela, chiedete a un amico o a un membro della famiglia se sono disposti a fare pratica con voi. Questo passo può essere semplice, ma lascia una grande impressione.

Allo stesso modo, si deve considerare quali domande può porre l'intervistatore e quindi mettere in pratica le vostre risposte. Questo calma i nervi e vi aiuterà a sentirvi più preparati, lasciandovi meno inclini a cercare risposte durante il colloquio vero e proprio. Se fate un colloquio di pratica con un amico, provate a farlo nello stesso formato di un colloquio standard. Il tuo amico potrebbe stampare una lista di domande comuni a cui dovrai rispondere.

Tuttavia, non devi memorizzare completamente le tue risposte. Se lo fai lascerai una cattiva impressione. Dovete avere un'idea di ciò che direte, ma senza dover seguire un copione parola per parola.

Il tuo intervistatore molto probabilmente ti chiederà aneddoti riguardanti le tue capacità e le tue esperienze precedenti. Pertanto, prima dell'intervista, considera il tuo curriculum e considera alcune situazioni del tuo passato che si adattano alle circostanze che puoi usare come aneddoto.

Incerto di quali aneddoti preparare? Prova ad usare questa lista di suggerimenti per ispirare alcune idee:

- Qual è stato un momento in cui hai commesso un errore?

- Come hai gestito una situazione difficile?

- Di cosa sei orgoglioso?

- Sei mai andato oltre i tuoi compiti sul posto di lavoro?

- Hai mai avuto un momento in cui non sei stato d'accordo con il tuo capo, se sì, cosa è successo?

Cosa chiedere alla fine del colloquio

È una buona idea fare domande alla fine dell'intervista quando ne hai l'opportunità, ma solo se vuoi veramente una risposta. Considerate queste domande che potreste porre e tenetele a mente quando andate al vostro colloquio.

1. Quali sono le qualità più importanti che deve avere una persona in questo ruolo?

2. Può parlare di più sulle responsabilità quotidiane di questa posizione?

3. Qual è l'atmosfera in questa azienda?

4. Quali sono le vostre aspettative per questa posizione nel lungo periodo?

5. Dove si troverà l'azienda da qui ai prossimi cinque anni?

6. Quali sono le maggiori sfide che l'azienda deve affrontare?

7. Quali sono le maggiori opportunità per questa azienda?

8. Qual è il percorso professionale tipico di una persona in questa posizione lavorativa?

9. Cosa le piace di più del lavorare qui?

Linguaggio del corpo

Infine, è importante tenere a mente il linguaggio del corpo. Se siete nervosi e inconsapevoli del linguaggio del corpo, allora il linguaggio del corpo mostrerà tutto il vostro nervosismo. Allo stesso modo, il tuo linguaggio del corpo vi tradirà e smaschererà tutte le bugie che raccontate. Considerate la lettura di un libro sul linguaggio del corpo per comprendere appieno la scienza e usarla a vostro vantaggio.

Tuttavia, ci sono alcuni semplici trucchi del linguaggio del corpo che puoi usare durante l'intervista, anche senza leggere un intero libro sull'argomento. Questi includono:

1. Siediti saldamente sulla sedia con la schiena premuto contro lo schienale della sedia. Questo vi eviterà di curvarvi e vi aiuterà a sembrare più sicuri e sicuri di voi stessi.

2. Può essere difficile sapere cosa fare con le mani in un'intervista. La cosa migliore da fare è usarle e gesticolare mentre si parla. Questo perché nascondere le mani trasmette l'ansia che provate o sembrate come se steste mentendo. Ma, se fate un gesto con le mani rivolte in avanti, questo comunicherà che siete aperti e onesti.

3. Sorridere se c'è l'opportunità.

4. Il contatto visivo è importante, ma non fissate il vostro interlocutore, limitatevi a soffermarvi sul suo sguardo con naturalezza e annuite mentre lui parla. Questo è vantaggioso perché annuendo, mostrate comprensione e attenzione.

Errori più comuni da evitare

1. Essere in ritardo. Vi fidereste di una persona che dimostra fin dal primo appuntamento che non siete affidabili? Ritardo è sinonimo di inaffidabilità.

2. Non fare ricerche. Non è saggio essere impreparati sulla società per la quale si sta intervistando. La vostra mancanza di interesse ad informarvi sulla società può significare che un lavoro vale un altro lavoro per voi.

3. Vestirsi male. Evitate gli eccessi, nel bene e nel male. Sicuramente vestirsi male non è una scelta felice e denota negligenza. Come si può essere precisi al lavoro?

4. Mentire. Perché? La prima ragione è che probabilmente avete davanti a voi una persona molto preparata che capisce immediatamente se state mentendo. Solo una bugia scoperta e tutto il tuo lavoro fatto è gettato via in un secondo.

5. Evitare lo sguardo. Il contatto visivo è importante perché mostra una persona che è fiduciosa e allo stesso tempo dà importanza al suo interlocutore.

6. Dare una stretta di mano timida. Una stretta di mano mostra più di quanto una persona possa pensare. Forte e decisa.

7. Grimacing. Evitare espressioni in cui il viso è molto contorto.

8. Parlare in Clichés.

9. Parlare negativamente delle precedenti esperienze lavorative, colleghi di lavoro o datori di lavoro.

10. Giocare con il telefono. Nella sala d'attesa, è necessario mostrare anche un comportamento impeccabile.

11. Non fare domande. Porre le domande giuste a fine colloquio dimostra interesse per il lavoro. È un'occasione in più per parlare e se si ha un minimo di conoscenza delle tecniche di persuasione è un buon momento per metterle in pratica.

Capitolo 5: Dopo il colloquio

Dopo il colloquio, non dovresti startene semplicemente seduto sulle tue mani e aspettare di sentire la risposta del responsabile delle assunzioni. Invece, iniziate ad essere proattivi e a dimostrare di volere il lavoro. Questo aumenterà la vostra probabilità di ottenere il vostro lavoro ideale.

Un modo in cui si può essere proattivi è quello di completare un colloquio di valutazione. Per fare questo, lo stesso giorno in cui hai un colloquio e mentre è ancora fresco nella tua memoria, scrivi una lista di ciò che ti è stato chiesto e le risposte che hai dato. Questo vi aiuterà a ricordare in caso di colloqui successivi con la società oppure a migliorare le vostre capacità di colloquio. Se avete dimenticato di porre domande oppure ora ne avete di nuove, scrivete queste ultime come nota. In questo modo, se avrete l'opportunità di un colloquio di follow-up, potete ricordarvi di parlare di questi argomenti.

Le decisioni riguardanti i candidati sono spesso prese rapidamente, ma non sempre. Un certo manager potrebbe essere sommerso di lavoro e incapace di contattare rapidamente le persone per far loro sapere se hanno ottenuto o meno la posizione. Tuttavia, nel caso in cui la decisione venga presa rapidamente, dovreste continuare a fare buona impressione dopo il colloquio. Potete farlo inviando un'e-mail di follow-up al responsabile delle assunzioni lo stesso giorno del colloquio o il giorno successivo. Questa può essere una breve e-mail che ringrazia il responsabile per il loro tempo, dove si approfitta per riaffermare che vi piacerebbe lavorare per l'azienda.

Pensate al di là della vostra attuale opportunità di lavoro e considerate i vostri obiettivi di carriera più a lungo termine. Un modo per beneficiare di questi obiettivi è quello di raggiungere il responsabile delle assunzioni attraverso i social media professionali, aggiungendoli su Twitter o LinkedIn. Costruendo una relazione a lungo termine, aumenterete le vostre connessioni per il futuro.

Infine, se si ottiene il lavoro, sarà necessario lavorare sulle trattative salariali. Non tutte le posizioni hanno spazio per le trattative; potrebbero avere un tasso di partenza standard su cui non sono disposti a muoversi. Tuttavia, chiedete se potete negoziare il vostro stipendio perché è una grande opportunità se sono disposti a farlo.

Quando si tratta di negoziare per uno stipendio più alto, è necessario essere preparati con:

1.   La capacità di dimostrare il tuo caso, con specifiche sul valore che offri all'azienda.

2.   La consapevolezza di dover affrontare delle resistenze. Siate pronti a rispondere alle domande sul perché vi meritate un aumento di stipendio.

3.   Essere fermi ma flessibili. Può essere difficile essere entrambi, ma è importante trovare un equilibrio.

Per negoziare il tuo stipendio, è importante sapere obiettivamente quanto vali. Cerca di capire qual è lo stipendio medio di quella determinata posizione lavorativa. Inoltre valuta se il mercato è saturo di persone con abilità ed esperienza simili, allora potreste non avere grandi possibilità di trattare lo stipendio. Tuttavia, se si dispone di rara esperienza e competenze, allora ci si può permettere di negoziare di più.

Cose da tenere in mente quando si negozia:

- Pensate a come lo stipendio si possa evolvere nel tempo, non solo alla cifra attualmente proposta.

- Trovate il momento giusto e negozia con molta calma, un passo alla volta.

- Non fatevi vedere come una persona attaccata ai soldi.

- Siate sicuri di voi stessi e delle vostre capacità

- Siate gentili e grati con il vostro datore di lavoro.

- Non accettate subito la prima offerta, utilizzatela come occasione per partire con una eventuale negoziazione.

Se tenete a mente queste conoscenze, allora dovreste essere in grado di negoziare con successo uno stipendio che vada bene sia per voi che per il vostro datore di lavoro.

Prima conclusione

Ottenere un nuovo lavoro comporta molta fatica, soprattutto se non si ha esperienza. Tuttavia, con le conoscenze presentate in questo libro e la pratica, sarai in grado di trovare la tua strada. Non sottostimarti, credi in te stesso, lavora sodo, e abbi fiducia in te stesso. Nulla è impossibile!

Domande e Risposte

I colloqui di lavoro possono essere un'esperienza snervante, soprattutto senza esperienza e senza la consapevolezza di cosa aspettarsi. Anche gli intervistati più esperti lottano di tanto in tanto con il formato dell'intervista e le domande insolite che incontrano. Ma qualunque sia la tua età, la tua esperienza, le qualifiche, i punti di forza, le debolezze, o la professione attuale, padroneggiare il tuo prossimo colloquio e distinguerti è un'impresa del tutto fattibile, ed è ciò che speriamo che tu venga ad imparare.

Ci sono sicuramente alcuni approcci collaudati per realizzare un'intervista. Tuttavia, le cose più importanti sono: presentare un aspetto fiducioso e professionale, rispondere alle domande con onestà e integrità, ed essere sé stessi. In questo libro imparerai come rispondere alle domande comuni per le interviste, dalle domande di base a quelle più sbalorditive. Ora dovreste avere una buona comprensione di come vengono condotti i colloqui di lavoro e di come prepararvi ad esso.

Dopo aver letto questo libro, dovreste essere in grado di superare il vostro prossimo colloquio e ottenere il lavoro dei vostri sogni con maggior facilità. Abbiamo suddiviso le domande in diverse categorie. Assicuratevi sempre di non memorizzare rigorosamente queste risposte – le vostre dovrebbero essere autentiche e soddisfare le vostre esigenze.

La cosa più importante da ricordare alla fine della giornata è che dovresti essere sempre te stesso. Le persone che ti intervistano vogliono sapere chi sei e perché dovrebbero sceglierti al di sopra di tutti gli altri! Le interviste sono un'esperienza strana. Di solito ci vengono fatte una serie di domande e dall'altro lato ci si aspetta che rispondiamo in un modo particolare ma onesto, poi le nostre risposte vengono analizzate e misurate da una persona che decide se soddisfiamo determinati criteri.

Mentre rispondiamo dobbiamo presentare noi stessi, la nostra esperienza e le nostre capacità in una luce lusinghiera e unica, ma allo stesso tempo, dobbiamo essere sicuri di non sembrare troppo sicuri di noi stessi. In altre parole, le interviste richiedono un modo di comunicare molto diverso da quello a cui siamo abituati. Quindi, naturalmente, la padronanza dell'intervista richiede tempo ed esperienza.

Il candidato che riesce a distinguersi maggiormente nella prima fase del processo di assunzione, quella appunto del colloquio iniziale, è di solito colui che si ritroverà davanti il contratto di lavoro da firmare. Superare la sfida del colloquio è, senza dubbio, solo il primo dei tanti risultati che si otterranno man mano che si procederà nel cammino della propria carriera lavorativa.

Capitolo 6: domande iniziali

Parlami un po' di te.

Questa, senza dubbio, sarà una delle prime domande che ti porranno al momento del colloquio. Anche se in un momento precedente della procedura di candidatura ti hanno già fatto questa richiesta, è probabile che dovrai comunque rispondere nuovamente di persona. Vogliono prima di tutto e soprattutto sapere chi sei. Devi capire che il colloquio è la loro unica opportunità di conoscervi al meglio. Qui vogliono farsi un'idea di come sei in realtà. Molte posizioni lavorative richiedono fiducia e sicurezza in sé stessi. Devi dimostrare loro che sei consapevole di te stesso e che sei il primo a credere in te stesso e nelle tue capacità.

Per rispondere a questa richiesta, inizia con ciò che credi sia più importante per te. Segui poi con una breve storia delle tue esperienze, e successivamente discuti sul perché ti sei presentato al colloquio e perché stai cercando di ottenere questa precisa posizione lavorativa. Non è necessario dilungarti troppo, ma questa è una buona traccia da seguire affinché la tua risposta risulti completa. Ricordati di recitare la tua risposta ad alta voce, altrimenti potrebbe finire per sembrare imbarazzante quando cerchi davvero di discutere chi sei e i tuoi risultati passati. Una voce tremolante o poco impostata potrebbe dimostrare insicurezza. Questo è un esempio di ciò che potresti dire:

Ho iniziato la mia carriera professionale prima come smistamento all'ufficio postale. Da lì, sono riuscito a lavorare in varie posizioni nelle risorse umane, ottenendo diverse promozioni. Alla fine ho deciso di tornare a scuola per ottenere la mia laurea in comunicazione, e ora sto cercando di dare una svolta alla mia carriera. La posizione lavorativa per la quale mi candido oggi la ritengo perfetta per proseguire il mio percorso di crescita professionale, ritenendomi già pronto per portare a termine nel migliore di modi i compiti che mi saranno assegnati.

Quali sono I tuoi punti di forza o di debolezza?

Punti di forza e punti deboli sono come i gemelli: si incontrano sempre insieme. Gli intervistatori possono chiedere la vostra più grande forza e debolezza, possono chiedervi di elencare tre esempi di ciascuno di loro o possono lasciarti libertà su come rispondere. Anche se parlare di te stesso senza sembrare vanaglorioso può essere difficile, la maggior parte delle persone di solito trovano facilmente un elenco di punti di forza ed iniziano ad elencarli senza un filtro. I punti di forza sono le cose che si è bravi a fare ma che devono essere legate al lavoro, al colloquio che stai sostenendo. Un datore di lavoro alla ricerca di un impiegato di vendita probabilmente non sarà interessato alla tua capacità di mettere insieme i mobili Ikea senza utilizzare il manuale di istruzioni e nemmeno al fatto che sei il più tecnico tra i tuoi compagni di gioco a calcetto. Invece, sono alla ricerca di comunicatori in uscita, innovativi e creativi. Pensa quindi a quali competenze saranno necessarie per fare il lavoro e quali competenze corrispondenti tu hai. Preparati bene prima del colloquio in previsione di questa domanda.

Invece, quando si tratta di punti deboli, le persone hanno difficoltà ad esporli. Nessuno è perfetto e si dovrebbe sempre elencare almeno una debolezza.

Allo stesso tempo, non dovreste fornire una litania di cose che non potete o sapete fare. Presentati con alcune debolezze che comunque sai di poter migliorare e fornisci dunque questi come punti deboli. Alcune buone risposte includono, ho difficoltà a dire al mio capo che sono troppo occupato se lui mi presenta nuovi compiti da svolgere, ho difficoltà a delegare il lavoro perché non ho sicurezza che gli altri possano svolgerlo al meglio, oppure vorrei migliorare la mia comprensione della sicurezza dei database. I datori di lavoro non sono alla ricerca di robot. Sono alla ricerca di persone qualificate che possono imparare e crescere con il lavoro

Perché vorresti lavorare qui da noi?

Si può presumere che il vostro intervistatore si renda conto che probabilmente avete bisogno di un lavoro a pagamento, di maggiori sicurezze economiche e un ambiente di lavoro stabile. Evita quindi di lanciarti nel racconto epico della vostra ricerca di lavoro e come si ha realmente bisogno di uno stipendio. Questo probabilmente lui già lo sa e tu non sei il solo. Questa cosa non ti differenzierebbe in alcun modo. Invece, parla del perché si vuole lavorare per quella particolare azienda. Se l'azienda fa abbigliamento per bambini, puoi trovare un legame con l'amore per i bambini oppure con la moda. Se si sta candidando per un posto di gestione, parla di come ti è piaciuto riunire una squadra per raggiungere la vittoria quando hai giocato nella squadra dell'istituto nella scuola superiore o all'università. Per un lavoro di assistente amministrativo, fornisci alcune delle tue caratteristiche organizzative e parla di come ti piace aiutare i geni creativi e imprenditoriali a prosperare prendendoti cura delle piccole cose.

Cosa ti interessa di questa posizione lavorativa? Perché vorresti essere assunto?

La domanda "Perché vuoi lavorare qui?" sarà sempre presente in qualsiasi intervista. Non è una domanda trabocchetto! Il tuo intervistatore vorrà legittimamente sapere perché li hai scelti. La risposta ovvia è, Perché ho bisogno di un lavoro e ho visto che stavate assumendo. Voglio i soldi. Questa di solito è la prima cosa che prendiamo in considerazione quando ci si candida per un lavoro. Anche se questa potrebbe essere la verità, cerca di ricordare onestamente perché vuoi questa posizione e non un'altra, o almeno cerca di costruire una risposta non troppo sincera. Prepara la tua ragione, il motivo per cui sei interessato, prima ancora di affrontare il colloquio. Se riesci a replicare con una risposta sostanziale, basata direttamente sulla loro azienda o il loro lavoro, questo ti darà un grande vantaggio.

Voglio lavorare qui perché sono sempre stato un sostenitore di questa azienda per tutta la vita. Ho frequentato i negozi e capisco come è la clientela. Non solo penso che questo mi aiuterà ad essere più appassionato e dedicato al mio lavoro, ma penso che mi aiuterà perché sarò più consapevole di ciò che l'azienda rappresenta in realtà. Quando ho questo legame con l'ambiente di lavoro, è più facile andare oltre i miei limiti, perché ho la certezza di sapere quali sono i miei talenti e come l'azienda ne trarrà beneficio.

Come sei venuto a conoscenza di questo annuncio di lavoro?

Il motivo per cui i datori di lavoro potrebbero voler sapere questo è perché rivelerà ancora di più su di te. In primo luogo, vorranno sapere se conosci qualcuno che già lavora lì. Questo dà loro una raccomandazione personale che può essere utile per capire chi sei. Vorranno anche sapere se sei attivamente alla ricerca di lavoro e se sei proattivo nel trovare una nuova posizione o se questo è solo qualcosa che ti è scivolato casualmente davanti gli occhi. Potrebbero essere anche interessati a capire se una delle loro tattiche di marketing per raggiungere altri potenziali candidati sta funzionando o meno.

In realtà ho trovato questa offerta di lavoro su una bacheca di lavoro online. Tra i vari annunci, gli obiettivi e la descrizione del lavoro di questa posizione mi hanno incuriosito.

Perché hai fatto domanda per questo lavoro?

Non rispondere che hai fatto domanda per il lavoro a causa di un salario o dei benefit migliori; di' piuttosto che hai fatto domanda per il lavoro perché la sua descrizione è perfetta per voi e che la visione-missione e gli obiettivi dell'azienda sono in linea con i vostri. In pratica dei sempre dimostrare un interesse, non tanto all'azienda ma a quel particolare tipo di lavoro.

Rispondere "Ho bisogno di soldi" non è di certo il massimo della vita!

Cosa sai della nostra azienda? Ci conosci?

È proprio in questo momento che i tuoi sforzi di ricerca danno i loro frutti. Cita le notizie più recenti sull'azienda che conosci. Assicurati di menzionare le buone notizie sull'azienda. Evidenzia i suoi pregi, i suoi obiettivi e i suoi risultati. Menzionandoli, aiuta a capire perché sei interessato a candidarti per una posizione nell'azienda. Inoltre, menziona gli obiettivi e le preoccupazioni attuali dell'azienda, a cui potete rispondere o aiutare offrendo le vostre capacità e competenze.

Cosa ti differenzia dagli altri candidati?

Rispondi a questa domanda sottolineando i tuoi punti di forza. Non dire niente di male sugli altri candidati. Non li conosci comunque, ma conosci te stesso, quindi concentrati a menzionare le tue piacevoli e uniche capacità.

Perché dovrei assumerti?

Questa è la tua occasione per dimostrare la tua fiducia nel lavoro. La chiave per rispondere correttamente a questa domanda è di soddisfare le aspettative e le preferenze dell'intervistatore. Non dimenticare che lui è alla ricerca del candidato ideale per un determinato tipo di lavoro e dunque avrà già stabilito dei parametri e si sarà già fatto un'idea del candidato ideale. In generale buone risposte a questa domanda devono includere che si dovrebbe essere assunti non solo sulla base delle proprie qualifiche ed esperienze, ma anche a causa del fatto che la propria figura sarà un bene prezioso per la loro organizzazione, un valore aggiunto in grado di svolgere al meglio quel determinato lavoro.

Come ti vedi tra cinque anni?

Molto può accadere in cinque anni, e questa domanda cerca di valutare il grado di ambizione e realismo che avete in voi. Una buona risposta può sembrare qualcosa come, in cinque anni, mi vedo promosso alla posizione di area supervisore, gestendo il mio team, e di aver contribuito in modo significativo alla società, a partire da un aumento delle vendite di almeno il 100% rispetto a ciò che attualmente verrebbe a me assegnato.

Come ti sembra il nostro ufficio?

Questa domanda esamina quanto sei attento e quanto velocemente puoi valutare il tuo ambiente circostante. Puoi rispondere a questa domanda affermando le caratteristiche positive dell'ufficio in cui ti trovi. Ad esempio, si può dire che il loro ufficio è spazioso e dall'aspetto professionale, che rispetta gli obiettivi aziendali, ad esempio impostato in modo da offrire un ambiente di lavoro ideale per gli affari. Se si riesce a rispondere a questa domanda senza guardarsi intorno ma restando con lo sguardo fisso sull'intervistatore, l'effetto sarà di gran lunga migliore. Abituati ad avere un buon colpo d'occhio quando entri in un ambiente nuovo. Immagina di poter rispondere senza distogliere lo sguardo "L'ufficio è molto ampio e spazioso anche se il divano rosso alle mie spalle, alla destra della porta, non è posizionato in modo favorevole per prendere la luce naturale che viene dalla finestra.".

Capitolo 7: Domande di fondo

Gli intervistatori cercano di capire perché vuoi quel determinato lavoro e perché vuoi diventare parte della loro azienda. Questo li aiuterebbe a restringere il ventaglio di scelta tra i candidati ma, nella maggior parte dei casi, le risposte alle domande comuni del colloquio sono fondamentalmente le stesse. Quindi è necessario cercare di differenziarsi rispetto agli altri candidati. È possibile quindi impressionare ulteriormente l'intervistatore e lasciare una buona impressione se si risponde in modo completo e corretto, preparandosi a fondo in modo da evitare le solite risposte impulsive.

Cosa conosci di questa posizione lavorativa?

Non è una domanda per farti pressione, ma si deve trattare la questione con la massima importanza. L'intervistatore vuole sapere se hai davvero idea della posizione lavorativa per la quale ti stai candidando, o se sei solo disperato e quindi alla ricerca di qualsiasi posizione. Sicuramente, vorranno assumere qualcuno che capisca esattamente di cosa si sta parlando.

Assicurati di aver fatto tutte le tue ricerche sulla posizione di lavoro offerta prima di iniziare il colloquio. È possibile effettuare una ricerca online o chiedere all'azienda di inviarvi una copia della descrizione del lavoro. Familiarizzare con tutte le responsabilità relative al lavoro e determinare le competenze e le conoscenze che si hanno che vi renderà ideali per quel lavoro.

Secondo la mia ricerca, l'assistente amministrativo è tenuto a fornire assistenza a un dirigente di alto livello di XYZ Corp. In particolare, le competenze richieste sono la contabilità, la programmazione degli appuntamenti, la comunicazione con i clienti e l'aggiornamento del sito web aziendale.

Sei disposto a trasferirti pur di ottenere questo lavoro?

Questa è una domanda che solitamente non ti pongono se stai facendo un colloquio per una posizione più entry-level. Ma potrebbero inserirla all'interno del colloquio solo per vedere come reagisci. Potrebbe essere interessante rilasciare una risposta "aperta", a prescindere da ciò che realmente saresti disposto a fare.

Questa è una risposta adatta:

Sono sempre interessato ad esplorare nuove strade e prenderei sicuramente in considerazione ogni opportunità di avanzamento sia professionale che personale.

In pratica è un "SI condizionato" che mostra sia la tua disponibilità, sia la sicurezza nelle tue capacità.

Perché hai lasciato il tuo ultimo lavoro?

Ora, questa è la parte succosa, dove inizi a rivelare tutte le ragioni per cui ti sei presentato al colloquio. Il datore di lavoro o colui che ti sta intervistando ti sta ponendo questa domanda perché vuole sapere perché precedentemente le cose non hanno funzionato. L'altra posizione non era quella giusta per te? Hai lasciato il tuo ultimo lavoro per un motivo simile per cui potresti finire per lasciare anche questo lavoro? Vogliono sapere cosa è successo per avere una visione migliore di te. Per rispondere correttamente devi risparmiare loro i dettagli drammatici (ad esempio, non mi pagavano e non sapevo come pagare le bollette) e tenerti sempre su un livello professionale.

Ho lasciato la mia ultima posizione perché mi sentivo come se non ci fosse spazio per l'avanzamento di carriera. Mi mancava il controllo creativo e sentivo che non c'era possibilità di intervenire attivamente con nuove proposte mirate alla crescita aziendale. Avevo bisogno di un cambiamento positivo nella mia vita perché voglio continuare a migliorare e andare avanti.

C'è qualcosa di cui dovremmo preoccuparci in caso dovessimo effettuare dei controlli sui tuoi precedenti penali?

Gli intervistatori faranno certamente un controllo sui tuoi precedenti se ti riterranno idoneo per quella posizione lavorativa, ma lo faranno prima di farti firmare il contratto di lavoro. Quindi questa è la tua possibilità di rivelare la verità. Anche se si tratta di qualcosa di cui ti vergogni, meglio spiegarlo ora che ne hai la possibilità piuttosto che dopo, quando una volta ottenute le informazioni potresti anche non avere nemmeno l'opportunità di dare spiegazioni poiché l'azienda avrà già scelto di andare avanti con un altro candidato. Faranno controlli dei precedenti sulla base di cose specifiche, come i crimini basati su convinzioni diverse, quindi qualcosa che hai fatto, come essere stato arrestato oppure semplicemente accusato. Quindi fate del vostro meglio per essere il più onesti possibile per evitare scenari peggiori in seguito.

In realtà, c'è un reato nel mio curriculum di quando avevo 18 anni. Sono stato sorpreso a bere alcolici con un amico in un parco, ma era solo una cosa che facevamo da adolescenti annoiati durante l'estate. Da allora ho imparato la lezione e ho fatto il servizio sociale per rimediare. Ora ho l'età legale per bere e certamente non bevo più in pubblico.

Per quali altre aziende hai in programma di sostenere un colloquio di lavoro?

I datori di lavoro pongono questa domanda perché vogliono verificare la concorrenza se hanno visto in te la possibilità di ottenere un candidato brillante, oppure per valutare la tua serietà sul settore specifico e accertare che cosa esattamente si sta cercando.

Se stai sostenendo un colloquio per un posto da responsabile vendite non puoi dire che hai effettuato anche un colloquio come gelataio.

La prima cosa da evitare è comunque dire che questa azienda in particolare è l'unica azienda con la quale state sostenendo un colloquio di lavoro, il che significherebbe dare all'intervistatore più potere di quello che hanno già.

Il tuo obiettivo principale quando rispondi a questa domanda è quello di dimostrare che hai esplorato attivamente tutte le opzioni a tua disposizione sul campo, ma anche dimostrare che sei entusiasta di questo specifico ruolo lavorativo.

Ad esempio puoi dire che hai in programma solamene altri due colloqui di lavoro come responsabile vendite, perché per questo specifico ruolo hai selezionato gli annunci migliori. Fai così capire che sei interessato proprio a quel lavoro e che hai comunque anche altre aziende in gioco.

Evita di menzionare i nomi delle altre aziende, poiché non è qualcosa che devono sapere. Ricorda la regola d'oro di non condividere troppe informazioni. Soprattutto, evita sempre di mostrare sentimenti di frustrazione o delusione.

Un buon esempio è dire "ho alcuni colloqui in fila con diversi mobilifici e per questa esatta posizione lavorativa che ha esattamente il tipo di sfida che sto cercando per una mia soddisfazione professionale.".

Quando puoi iniziare?

Anche se si può essere tentati di dire "il più presto possibile", ditelo solo se siete attualmente liberi professionisti, se siete disoccupati oppure se già vi siete completamente liberati dalla vostra azienda precedente. Se siete ancora occupati, attenetevi ai requisiti del vostro contratto: di solito avete bisogno di almeno 30 giorni dopo aver dato la vostra notifica di dimissioni prima di poter lasciare ufficialmente la vostra azienda e passare ad un'altra. Non importa quanto sia importante per voi ottenere quella posizione, il vostro intervistatore apprezzerà il fatto che siete abbastanza professionali da rispettare le condizioni stabilite nel vostro precedente contratto di lavoro, in quanto probabilmente farete la stessa cosa per la loro azienda.

Quale stipendio ti aspetti?

Dare sempre l'impressione che il tuo stipendio atteso ossa comunque essere negoziabile, tuttavia, dire di aspettarsi un aumento di almeno il 20% del tuo precedente stipendio attuale è una risposta equa, soprattutto se hai fatto domanda per un lavoro con requisiti che corrispondono completamente alle tue competenze e alla tua esperienza lavorativa.

Qual è il modo più semplice per te per apprendere nuove informazioni? Riesci a fare da solo?

Questa domanda è fondamentale perché darà loro un'idea di come sarai durante la formazione. Anche dopo averti offerto il lavoro, potrebbe esserci un periodo di prova in cui vogliono vederti direttamente nell'ambiente di lavoro e decidere se sei effettivamente adatto al lavoro. Impariamo tutti in modo diverso, quindi non c'è una risposta giusta a questa domanda. Alcune persone imparano meglio quando vengono affiancate e seguite direttamente. Altri hanno maggiori probabilità di apprendere meglio quando possono mettere le mani sui materiali da soli e quindi senza tutoraggio. Descrivi la tua risposta dicendo qualcosa del genere:

Imparo meglio quando mi vengono dati tutti gli strumenti possibili. Può essere utile una persona già esperta che mi aiuti memorizzare le informazioni piuttosto rapidamente, ma anche iniziare da solo e lavorare in prima persona è per me vantaggioso. Dipende dal compito, ma per la maggior parte dei casi, dopo aver fatto qualcosa più volte, trovo sempre il modo giusto per fare le cose sempre con più velocità.

Quali qualità ammiri in coloro che hanno ricoperto precedenti posizioni di leadership con cui hai lavorato? Puoi descrivere un capo che hai ammirato?

A volte gli intervistatori ti pongono questa domanda perché vogliono sapere cosa potresti vedere in altre persone che per te sono buone qualità da avere nella tua vita lavorativa. Vogliono capire anche se noti questo tipo di qualità e valutare se riesci a cogliere le buone qualità degli altri e usarle per te stesso. Ripensa dunque a qualcuno che ti piaceva, anche ad esempio un insegnante, e determina che cosa c'era di loro che li ha resi ai tuoi occhi un buon leader. Questa risposta specifica finirà per essere una risposta che dà loro la possibilità di capire quali qualità si ritiene che un manager dovrebbe avere. Si potrebbe dire qualcosa del genere:

In uno dei miei lavori c'era una manager che ci portava sempre le cose che cucinava, ci mandava messaggi di buon compleanno e si assicurava che avessimo abbastanza giorni di ferie al mese per avere davvero un po' di tempo per rilassarci. Ho ammirato tutto ciò perché è andata oltre il suo ruolo, per assicurarsi che ci apprezzasse non solo come lavoratori, ma anche come persone. Ha aiutato me e i miei colleghi a sentirsi più apprezzati, e per questo siamo stati sempre molto orgogliosi del suo lavoro e del suo modo di porsi con noi. Ritengo che un simile atteggiamento abbia spinto molti dei lavoratori della sua squadra a rendere molto di più, portando vantaggio a tutto il gruppo e di conseguenza all'azienda.

Sei disponibile a lavorare per turni?

Anche in questo caso, la risposta ideale a questa domanda è "SI" perché dimostra che siete versatili e flessibili.

Le risposte migliori sono quelle che puoi spiegare bene con alcuni esempi dettagliati basati sulla tua esperienza, perché ti fanno sembrare più sincero e credibile. Esercitatevi a rispondere a queste domande da soli davanti a uno specchio e prestate attenzione sia a ciò che dite che a come lo dite. Dopo tutto, quando si tratta di interviste, anche la tua voce, timbro, tono, scioltezza e linguaggio del corpo contano.

Di cosa avrai bisogno nel periodo di "training" per questo nuovo lavoro?

Questa può essere una domanda difficile, soprattutto perché potresti non sapere in cosa consiste il processo di formazione. Potrebbero chiederlo di nuovo perché vogliono avere un'idea migliore sul tipo di studente che sei. Sarai in grado di apprendere rapidamente o sei qualcuno che richiederà un po' più tempo? Anche se non sapete nulla del loro processo di formazione e di ciò che i dipendenti devono fare durante la formazione, potete comunque trovare una risposta decente. Potrebbe essere una cosa del genere:

Durante la formazione, probabilmente avrò bisogno solo dei materiali necessari per sapere quali sono i compiti che mi attendono e come svolgerli al meglio. Per me è anche importante avere il tempo di lavorare in modo pratico, potenzialmente supervisionato per le prime volta, in modo da potermi sentire a mio agio. Sono aperto a diversi tipi di apprendimento e ricordo le cose piuttosto rapidamente, quindi non sono troppo preoccupato, il periodo di formazione lo ritengo molto interessante.

Che tipo di stipendio o salario stai cercando?

Se ti fanno questa domanda cogli l'opportunità di essere onesto e condividi le tue sensazioni vere. Se è il tuo primo colloquio di lavoro potresti non voler parlare di numeri esatti. Di' loro che sei alla ricerca di benefit aziendali o meno, in modo che possano almeno condividere se questo è qualcosa che forniscono.

Inizialmente mi aspetto uno stipendio nella media, o leggermente al di sopra dello stipendio medio per questa posizione. Mi sento come se avessi competenze preziose che gli altri non hanno, e il mio ampio background formativo riflette la qualità del lavoro che sarò in grado di portare a questa posizione.

Cosa sai di noi? Come descriveresti la nostra azienda?

Questa è una domanda che richiederà molte ricerche! Assicurati di cercare su Google la tua azienda prima di sostenere il colloquio. Non limitarti a visitare il loro sito. Leggi le recensioni, capisci se si tratta di un'azienda che vende servizi oppure se è un luogo di vendita al dettaglio. Se si tratta di una grande azienda, cerca articoli di notizie che potrebbero concentrarsi su di loro. Vai sui forum e vedi se qualcun altro ha lavorato lì e come sono le loro storie. Più si sa di loro, più facile ti sarà sia rispondere a questa domanda, sia avere qualche asso in più nella manica. Assicurati di elencare quali sono i loro servizi, cosa fanno i loro dipendenti e qual è la loro missione. Questa è una domanda specifica, quindi assicurati che la tua risposta sia basata specificamente sulla società per la quale si sta sostenendo il colloquio! Se sei incerto su una informazione perché al momento non ricordi precisamente se sia relativa a quell'azienda o ad un'altra azienda con la quale devi sostenere un altro colloquio (o lo hai già sostenuto), evita di parlarne.

Perché hai abbandonato o vuoi lasciare il tuo attuale posto di lavoro?

La tua risposta a questa domanda ti può segnare come un dipendente problematico se non stai attento. Indipendentemente dalle circostanze che riguardano il tuo ex datore di lavoro, mantieni la risposta su un piano positivo e centrata su di te. Il parlar male di un ex capo o di un'azienda ti fa sembrare poco professionale. Parlate dei vostri obiettivi e di come credete che la posizione per la quale state intervistando vi aiuterà a raggiungerli mentre nell'altra azienda non vi sentite di avere la possibilità di esprimere tutto il tuo potenziale.

Cosa non ti piace del tuo attuale lavoro?

Chiedendo questo, ciò che l'intervistatore vuole veramente sapere è se c'è qualcosa che potrebbe potenzialmente indurti a lasciare la loro azienda nel caso in cui ti assumano. Aiuta anche l'intervistatore a capire uno dei motivi per cui siete alla ricerca di un nuovo lavoro.

Una cosa da ricordare è che non dovete dire che non c'è nessun aspetto del vostro lavoro precedente o attuale che non vi piace. Altrimenti si chiederanno perché vi state candidando per un nuovo lavoro.

Invece, siate pronti a rispondere a questa domanda considerando aspetti del lavoro che non vi piacciono ma che sono fuori dal vostro controllo. Assicurati solo che questi stessi aspetti non siano presenti nell'azienda per cui ti stai candidando. Poi, assicurati di scegliere le parole con attenzione e non che suonino come se odiate il vostro lavoro precedente o attuale. Termina sempre con una nota positiva, ad esempio evidenziando ciò che ti piace nella loro organizzazione che non è offerto nella precedente.

Nel mio lavoro precedente, mi è stato richiesto di visitare tutte le fabbriche in tutto il paese, così ho trascorso la maggior parte della mia settimana di viaggio. All'inizio era abbastanza eccitante, ma ora sto considerando una posizione in cui posso passare più ore di lavoro produttivo invece di essere in viaggio. Questo è uno dei motivi per cui sono attratto dalla posizione che mi state offrendo.

Che tipo di gestione preferisci?

Questa domanda viene spesso posta per determinare se sarete o meno adatti al reparto o al supervisore per il quale la posizione è destinata. Al di fuori di risposte errate del tutto evidenti come, ad esempio "non ho bisogno di un manager o un responsabile che mi controlli", non c'è una risposta giusta o sbagliata. Se preferite un approccio pratico con molte indicazioni da parte del responsabile di area, ditelo. Allo stesso modo, se sei una persona che sa gestirsi da solo e che ha solo bisogno di essere indirizzato nella giusta direzione, comunicatelo. Detto tra noi, se la tua risposta a questa domanda non corrisponde allo stile di gestione che l'azienda ha, è meglio che tu cerchi un lavoro diverso. Se non sei solamente alla ricerca di uno stipendio, sappi che la gestione del lavoro all'interno di un'azienda può determinare la tua felicità o meno nel trascorrere il tuo tempo all'interno di essa. Lo stipendio è importante ma lo è molto di più la qualità della vita.

Che tipo di manager sei?

L'opposto della domanda precedente, questa è per i candidati a un ruolo di supervisore o di dirigente. Rispondi onestamente, ma non usare cliché gestionali come se fossi un leader o un non manager. Includi esempi specifici su come guidare le persone, comunicare, organizzare e affrontare i progetti. Porta, se li hai, esempi concreti del tuo tipo di gestione che potrebbero differenziarti, evidenziandone i vantaggi a livello lavorativo.

Quali competenze uniche hai che si applicano solo a questa specifica posizione?

Questa è un'altra domanda specifica che si applicherà solo alla posizione per la quale stai facendo il colloquio. Se stai cercando di essere assunto come addetto alla reception, allora vorresti avere competenze che implicano il parlare con le persone, gestire le richieste, prendere messaggi, fissare appuntamenti e altri lavori d'ufficio. Se si sta sostenendo un colloquio per la posizione di operaio edile, è necessario assicurarli che si possono sollevare cose pesanti, operare su macchinari pesanti, e che si hanno conoscenze di base di costruzione.

Cosa spera di ottenere da questo lavoro?

Questa è una domanda apparentemente ovvia, ma in realtà può prendere molte persone in contropiede. Sembra essere una delle domande più ovvie ma che può effettivamente rivelare una verità più profonda. Ci sono alcuni modi per rispondere a questa domanda. È possibile discutere di come si desideri un avanzamento di carriera e dunque si spera di ottenere la possibilità di poter avanzare di livello all'interno dell'azienda. In alternativa, potete discutere di come sperate di acquisire preziose competenze se non si tratta di una posizione che offre molte possibilità di avanzamento di livello.

Spero, mentre lavoro qui, se assunto, naturalmente, di poter scoprire nuove competenze e migliorare alcune cose su cui devo lavorare, aiutando al tempo stesso sia la mia carriera che l'azienda per la quale lavoro a prosperare. So quali sono le cose su cui devo migliorare e ho degli obiettivi per me stesso. Penso che gli obiettivi di questa azienda e i miei si combinino bene insieme, in modo che possiamo entrambi trarre vantaggio reciproco da ciò che potrei sperimentare qui da voi.

Con quanti incarichi di responsabilità in contemporanea ti senti a tuo agio?

Questa è una buona domanda per aiutarli a determinare se sei o meno un multitasker. Alcune persone si sentono a proprio agio nel gestire una sola cosa alla volta, mentre altre possono gestire diverse cose contemporaneamente. Fai del tuo meglio per rispondere onestamente perché anche se fai fatica a fare diverse cose contemporaneamente, questo non significa che non sei un buon dipendente! Abbiamo tutti un ritmo diverso per il completamento dei compiti, quindi assicuratevi di essere onesti con loro. Riesci a gestire diversi progetti, o sei qualcuno che lavora a un ritmo più lento su una cosa alla volta? Mentire e dire che si possono affrontare un sacco di cose contemporaneamente è molto facile in questa fase ma, se assunti, ci si sta solo preparando per rendere le cose più impegnative in un secondo momento, quando voi non sarete in grado di farlo. Siate dunque onesti!

Sono abbastanza bravo con la gestione del tempo, quindi non mi dispiace prendere vari impegni in una sola volta. Cercherò sempre di completare i compiti molto più velocemente di quanto detto, in modo da poter andare oltre. Allo stesso tempo però non prendo troppi impegni in una volta perché conosco i miei limiti e faccio del mio meglio per evitare di sentirmi sopraffatto o troppo stanco per poter lavorare al meglio.

Riesci ad adattarti facilmente ai cambiamenti? Saresti in grado di cambiare i tuoi piani in caso di qualcosa di inaspettato?

Ci può essere un momento in cui il tuo datore di lavoro deve mandarti in un'altra sede, o forse hanno bisogno che tu lavori in un altro reparto, a seconda delle tue capacità e della versatilità del management. Sta a te, quindi, fare in modo di sapere come adattarti nel caso in cui si verifichi una situazione di questo tipo. Sii onesto con loro e fai loro sapere se sarai in grado di adattarti rapidamente a situazioni come questa, se questo è ciò che dovrai fare in seguito.

Non ho problemi a provare cose nuove. Apprezzo avere un programma prestabilito in modo da sapere cosa bisogna fare, ma quando le cose cambiano, può solo rendere il lavoro più eccitante, rendendo più piacevole andare a lavorare. Non mi preoccupo delle mie capacità di adattamento nel caso in cui ci sia una situazione in cui ho bisogno di adattarmi rapidamente ai cambiamenti.

In una posizione manageriale è più importante che i lavoratori ti amino o che ti temano?

Questa è una domanda comune, soprattutto se si sta per essere intervistato per una posizione manageriale. Si tratta di una domanda frequente per stabilire se un manager debba essere temuto o se debba essere gradito. Vuoi essere il capo che è popolare tra tutti i lavoratori o è più importante che diventino obbedienti e rispettino la tua autorità?

Non penso che sia una buona cosa avere qualcuno che da temere. Se hanno paura di te, allora potrebbero non essere disposti a venire da te con un problema, e avranno più paura di dirti cosa hanno in mente. Allo stesso tempo, non è un concorso di popolarità, quindi devi anche essere cauto e far capire a tutti che ognuno ha il suo ruolo. A volte devi essere più duro con certe persone che hanno bisogno di un po' di spinta nella loro performance, quindi l'autorità in quella situazione è ancora importante. I migliori leader sono quelli che riescono ad adottare con intelligenza, nei modi e nei tempi giusti, un atteggiamento di mezzo.

Hai un segreto? C'è qualcosa che hai tenuto volutamente fuori dal curriculum?

Questa è una domanda difficile, forse una delle più impegnative che incontrerai! Non vuoi che gli altri lo sappiano, quindi è proprio questo lo scopo di mantenerlo segreto. È un'altra domanda che può prenderti in contropiede e potrebbe farti uscire dalla tua zona di comfort. Pensa a questo prima di entrare nell'intervista. Non mentire, naturalmente, ma non c'è bisogno di rivelare il tuo segreto più profondo e oscuro in assoluto. Ecco un esempio di quello che potreste dire:

Probabilmente non vorrei che nessuno sapesse che cinque anni fa ho ricevuto un premio per aver mangiato 50 hot dog in meno di 10 minuti. All'epoca ero orgoglioso, ma non voglio essere conosciuto per questo nuovo lavoro!

What do you know about our organization?

Adesso proviamo a rispondere in modo più diretto a questa domanda. Per rispondere a questa domanda, dovresti aver già fatto il tuo compito di ricerca dell'azienda come precedentemente suggerito. Scegli almeno tre caratteristiche chiave che ammiri veramente e formula una risposta che comporta sottili adulazioni.

Assicurati di evidenziare i punti positivi dell'azienda in modo onesto ed evita di menzionare qualcosa di negativo. Puoi iniziare dicendo, dopo aver guardato il sito web della tua azienda... o da quanto ho letto sul quotidiano nazionale....

Essendo di questa zona, sono abituato a mangiare presso i vostri locali sia per la qualità del cibo, sia perché ha un ottimo rapporto qualità/prezzo. Ho sempre amato il fatto che la vostra organizzazione si approvvigiona solo di ingredienti provenienti dai mercati locali e biologici e che voi sostenete l'allevamento di carne allevato in modo non intensivo. Anche il servizio clienti in tutte le vostre filiali è molto impressionante. Non ho mai incontrato un membro del vostro staff che non sia amichevole e disponibile. Così, non appena ho saputo che vi stavate preparando per aprire un'altra filiale, ho subito voluto fare domanda per entrare a far parte del vostro team.

Quali sono le tue preoccupazioni sulla nostra azienda?

Che abbiate o meno delle preoccupazioni, dovete evitare di menzionarle durante il colloquio. È importante tenere queste domande per te stesso fino a quando non ti viene offerta l'offerta di lavoro. In questo modo, l'intervistatore potrebbe avere motivo di credere che non siete pronti ad impegnarsi a tempo pieno per la posizione offerta.

In realtà non ho alcuna preoccupazione, perché ammiro il modo in cui la vostra azienda gestisce le cose finora. Attendo con particolare interesse i vostri programmi di sviluppo perché mi darebbero l'opportunità di acquisire maggiori responsabilità in seguito.

Per quanto tempo intende lavorare da noi?

Nessuna azienda vuole investire tempo, sforzi e risorse formative su chi rimarrà solo per pochi mesi. Pertanto, è importante per te chiarire che rimarrai con loro per almeno tre anni.

Tuttavia, per far loro sapere che sei seriamente intenzionato ad ottenere una promozione in seguito, devi anche sottolineare che cerchi uno sviluppo di carriera nella loro organizzazione.

Posso certamente rimanere in azienda per un periodo da tre a cinque anni. Tuttavia, non cercherò di rimanere nella posizione di Marketing Assistant per più di un anno, perché il mio obiettivo è quello di diventare uno dei responsabili del marketing regionale del vostro stabilimento.

Capitolo 8: domande d'interesse.

Che si tratti di sport, gioco da tavolo o videogioco, qual è il tuo gioco preferito?

A volte le persone si riferiscono alla vita come a un unico grande gioco. Il gioco ha un aspetto diverso per tutti, ma alcuni di noi preferiscono i giochi di logica, altri vorrebbero essere in grado di vincere con la loro pura forza fisica. Il tipo di gioco a cui la gente piace giocare, e nel quale sono bravi, può rivelare molto sulla loro personalità. Dichiara onestamente qual è il tuo gioco preferito, non importa quale sia. Se riesci fornisci pure una motivazione. Ti piace perché puoi giocarci comodamente dal divano per rilassarti, ti piace perché sei un amante dei giochi di strategia o dove devi risolvere problemi e quesiti? Sei qualcuno a cui piace la conversazione amichevole? Condividi con loro sia quali tipi di giochi ti portano più gioia, sia quelli che ti vedono spesso vincente.

Avendone la possibilità, cosa miglioreresti di te stesso?

Questo è un altro modo subdolo per cercare di farti rivelare quali potrebbero essere le tue debolezze! Questa domanda è una di quelle su cui vorresti essere onesto, ma devi provare a trattenerti e a scegliere qualcosa che riguarda tua personalità e non il tuo aspetto. Anche se si potrebbero odiare i propri denti, i capelli, il corpo, o qualsiasi altra tua più grande insicurezza fisica, essi sono concentrati più su quello che pensi, non hanno interesse sul tuo aspetto fisico ma vogliono conoscere a fondo la tua personalità.

Qualcosa che potrebbe non piacerci è che non siamo abbastanza sicuri di noi stessi. Forse il procrastinare, o che siamo sempre in ritardo. Inquadra ciò in un modo tale che permetta al tuo datore di lavoro di sapere che sei consapevole dei tuoi difetti, ma che ci stai lavorando al meglio che puoi. Ecco cosa si potrebbe dire:

Direi che non mi piace il modo in cui mi pongo in modo critico verso me stesso. A volte, dopo aver terminato un progetto, penso a tutte le cose che avrei potuto far meglio, piuttosto che guardare a ciò che ho fatto bene. Sto imparando a migliorare su questo aspetto, perché la maggior parte delle volte sono troppo duro con me stesso, mentre di solito tutto va bene.

Quale sarebbe il lavoro dei tuoi sogni?

Il lavoro dei tuoi sogni potrebbe essere quello di sdraiarti sulla spiaggia e farti pagare per non fare altro che mangiare deliziosi spuntini. Si può dire anche questo se si vuole, ma loro vorrebbero sapere che tipo di personalità avete. Chi non vorrebbe essere pagato per divertirsi e rilassarsi? Una risposta del genere non darebbe nessuna ulteriore informazione su di te. Rispondi sinceramente ma applica la risposta al mondo reale del lavoro, e astieniti da esaltarli troppo dicendo che è proprio la posizione per cui ti stai candidando ad essere quella dei tuoi sogni. Si potrebbe dire qualcosa del genere:

La posizione lavorativa dei miei sogni è quella in cui posso avere libertà creativa e allo stesso tempo avere intorno a me un team che può aiutarmi a raggiungere gli obiettivi, o qualcuno che mi offre prospettive creative quando sono bloccato. Mi piacerebbe un ambiente mutevole in cui poter crescere, ma che sia anche affidabile e dove so di avere intorno a me un gruppo di persone fidate.

Qual è l'ultimo libro, film e programma televisivo che hai visto? E l'ultimo video che hai guardato su Youtube?

Questa è una domanda basata sulla tua personalità e sul desiderio di saperne di più su di te. Non mentire MAI per renderti più intelligente. Potrebbe essere allettante dire che avete appena visto un documentario economico di 3 ore, ma la persona che conduce l'intervista potrebbe averlo appena visto ed è pronta a parlarne nei minimi dettagli! Assicurati di essere sincero e lascia trasparire la tua personalità. Mostra chi sei e le cose che ti piacciono quando condividi onestamente i media che ti interessano. Potresti avere anche la fortuna di trovare un punto di connessione particolare con il tuo intervistatore! Non dire mai che non leggi un libro da un po' di tempo. Prima di entrare nella sala di colloquio, anche se si tratta di un lavoro che non ha nulla a che fare con i libri o la TV, preparati una risposta per questo. E se non leggi un libro da tanto, leggi almeno quello che porterai ad esempio.

Qual è l'obiettivo personale che hai nella tua vita?

Il tuo intervistatore può già intuire che i tuoi obiettivi al momento ruotano intorno alla tua carriera, ed è per questo che stai cercando di ottenere il lavoro in questo momento. Tu sei lì per il lavoro. Ma con questa domanda lui vuole capire se hai altri obiettivi al di fuori della carriera lavorativa, e quindi se hai desideri nella tua vita personale. Forse vuoi essere una persona migliore, qualcuno che di dona di più agli altri, desideri essere un grande padre o una grande madre, o iniziare a vivere uno stile di vita più sano. Questa domanda non è legata al lavoro, quindi condividi i tuoi sogni personali! Questo vi aiuterà a dimostrare che siete concentrati sull'eccellenza e che vi dedicate ad altri scopi nella vita.

Uno dei miei obiettivi personali è quello di completare un triathlon. Ho fatto diverse altre gare, ma questo è qualcosa su cui sto lavorando da diversi anni. Sono fiducioso che un giorno sarò in grado non solo di finirne una, ma anche di classificarmi in una posizione di vertice!

Che tipo di hobby hai e cosa ti piace fare nel tempo libero?

La persona che conduce l'intervista inizierà ad interessarsi di più a che tipo di cose ti piace fare nel tempo libero. Cerca di capire i tratti di personalità che hai e del tipo di impegni a cui partecipi. Non dire mai che non hai alcun hobby, e non lasciare che i tuoi hobby siano qualcosa come uscire con gli amici. Scava in profondità e trova qualcosa che ti piace che ti rende felice. Potreste non considerarlo un hobby al momento, ma qualsiasi piccola passione che avete può aiutarli a vedere che siete appassionati, dedicati e responsabili. Ecco una buona risposta:

Direi dire che uno dei miei hobby include la cucina. Mi piace provare nuovi cibi e sperimentare con le ricette il più spesso possibile. Amo anche il giardinaggio e ho creato il mio mini giardino di erbe aromatiche con cui posso sperimentare ulteriormente in cucina. È un modo divertente per me per imparare cose nuove e aiuta anche a tenermi rilassato nel tempo libero.

Preferisci essere un leader o un seguace?

La persona che conduce il colloquio te lo chiederà perché vuole farsi un'idea del tipo di persona che sarai nel suo team. Sarai in grado di essere un buon seguace? È bello che tu dimostri di gradire una posizione da leader, ma lui vuole anche assicurarsi che tu sia in grado di ascoltare quando è il momento di ascoltare ed eseguire.

Se dovessi scegliere se essere un leader o un seguace dovrei dire che preferirei essere un leader, ma un buon leader, in grado di tenere il polso della situazione ma anche con la capacità di ascoltare e delegare. Un leader non si distingue per il suo potere, ma piuttosto diventa un valore aggiunto se riesce a diventare un modello di ruolo rispettabile per gli altri. So quando sedermi sul sedile posteriore e lasciare che gli altri guidino, assicurando al contempo che io abbia il controllo delle mie azioni.

Qual è il tuo obiettivo in relazione specifica con il lavoro?

Questo tipo di domanda sarà un po' ovvia per la persona che conduce l'intervista, ma vogliono sentire la risposta dalla tua stessa voce. Per esempio, se tu fossi nell'attività di gestione, si suppone che tu voglia raggiungere una posizione dirigenziale superiore.

Sinceramente spero di trovare una posizione che mi renda una vita dignitosa, sia divertente e appagante e mi permetta di avere abbastanza tempo libero con la mia famiglia. Finché avrò la sensazione di fare qualcosa di buono con il mio tempo, ma anche di non sacrificare chi sono veramente, allora avrò la sensazione di aver raggiunto gli obiettivi della mia vita professionale.

Qual è stato il problema più grande che hai avuto nell'ultimo lavoro? Cosa l'ha disturbata di più?

Questa è una valida domanda, in modo che sappiano quali sono i problemi comuni che potresti incontrare sul posto di lavoro a livello individuale. Gli intervistatori vogliono conoscere se c'è un particolare ambiente professionale nel quale potreste essere insoddisfatti. Molti intervistati saranno nervosi, pensando che si tratti di una domanda trabocchetto, come se dire qualcosa di negativo possa precludere la buona riuscita del colloquio! Non avere paura, vogliono solo sentire alcune verità brutali da te! Condividi come ti sei sentito veramente nella tua ultima esperienza lavorativa, ma inquadrala in modo da essere in grado di comunicare l'importanza di determinati valori in campo lavorativo. Questo è qualcosa che potresti dire:

Nella mia ultima esperienza lavorativa mi sono sentito come se ci fosse una mancanza di comunicazione. A volte le persone fraintendevano quello che dicevo e le cose non sempre venivano espresse nel momento in cui avrebbero dovuto esserlo. Credo sia determinante una buona comunicazione all'interno dell'azienda per evitare fraintendimenti e lavorare in modo più certo e costruttivo. Da questa esperienza negativa ho comunque imparato quali sono le buone capacità di comunicazione o almeno ciò che non si deve fare.

Il tuo modello comportamentale? Il tuo più grande eroe?

Il tuo modello rivelerà molto su di te. Se scegli qualcuno che ti è vicino, dimostri sensibilità e ammirazione ad un piano più umano. Se scegli qualcuno che ha successo, dimostra che hai grandi obiettivi nella vita. Seleziona onestamente e scegli qualcuno a cui legittimamente ti ispiri. Scegli infine un eroe generale e cercare di stare lontano da una figura politica o una figura religiosa.

Anche se potrebbe essere un grande modello ai tuoi occhi, un politico o un religioso potrebbero essere controversi per la persona che conduce l'intervista. Anche se è discriminatorio non assumere qualcuno in base alle sue opinioni religiose o politiche, sarebbe difficile per te dimostrare che è proprio quello che è avvenuto. Mantenersi dunque su un piano generale e scegliere qualcuno con valori forti e qualità rispettabili. Descrivili con i loro risultati e le qualità positive che pensi siano importanti per il lavoro specifico per il quale ti stai candidando.

Perché hai smesso di lavorare per ognuna di queste aziende?

L'intervistatore vuole sapere cosa ti porta a smettere di lavorare in ogni azienda in quanto si tratta di un assaggio del tipo di persona che sei. A prescindere dalla tua situazione sono sempre interessati a capire quali sono le ragioni che spingono le persone a lasciare un'azienda. Questa domanda è solitamente posta se il tuo Curriculum Vitae mostra che hai molti lavori, e che non hai quasi mai conservato il tuo posto per un lungo periodo di tempo.

Il modo giusto per rispondere a questa domanda è quello di fornire una ragione accettabile e positiva. Non dite mai nulla di negativo sul vostro lavoro precedente, a meno che non vi venga richiesto di farlo (e anche in questo caso devi essere delicato).

Alcune delle ragioni più comunemente accettate per lasciare il lavoro sono: maggiore sicurezza o stabilità del posto di lavoro, la ricerca di maggiori sfide o maggiori responsabilità e la ricerca di un posto di lavoro a tempo pieno.

Nonostante mi sono davvero divertito nei miei ultimi 12 mesi con l'azienda X, sono diventato sempre più attratto da progetti maggiormente creativi e stimolanti. Sfortunatamente, il responsabile voleva che il team seguisse esattamente lo stesso stile di montaggio video in ogni progetto. Questo è il motivo principale per cui voglio entrare a far parte della vostra organizzazione, perché ho sentito dire che volete che ogni progetto sia ogni volta completamente unico.

Ti definiresti un buon manager?

Se la posizione di lavoro offerta ti richiederà di gestire altre persone o lavorare con un team, allora l'intervistatore ti porrà molto probabilmente questa domanda. Naturalmente, non ci limiteremo a dire SI, oppure Sicuramente! Invece, devi concentrarti ad elaborare il perché. In particolare, l'intervistatore vuole sentire da tre a cinque competenze manageriali che gettano luce sulle tue esperienze di gestione.

Per aiutarti a dare forma alle tue risposte, ecco alcune delle frasi chiave che gli intervistatori vorrebbero sentire da voi: delegare e supervisionare i compiti, allenare o guidare i membri del team, motivare il team, collaborare con il consiglio di amministrazione e il team, e creare strategie diverse per il team.

Il mio ruolo di manager è stato quello di collaborare sia con il team che con il consiglio di amministrazione per creare nuove strategie per il nostro business. In seguito, ho lavorato per delegare i compiti a coloro che presentavano i requisiti più adatti. Nel corso di ogni progetto, non solo ho supervisionato, ma anche fornito regolarmente sessioni di gruppo e sessioni di mentoring individuali con i membri del team. Sono orgoglioso di dire che siamo sempre stati in grado di consegnare i lavori nei tempi prestabiliti e di soddisfare i nostri clienti.

Cosa puoi dirmi di particolare della tua ultima azienda?

Non importa quanto possa sembrare allettante, non dovresti mai dire niente di negativo sulla società per la quale lavori attualmente - o per la quale hai lavorato in precedenza. Questo ti farà solo apparire come un dipendente difficile. D'altra parte, elogiarla troppo non ha senso e sarebbe meglio che la tua risposta possa fargli pensare al motivo per cui tu stai prendendo in considerazione l'idea di lasciarla.

Quello che si può fare è trovare un equilibrio, menzionando sia i punti di forza che i punti deboli dell'azienda. Poi, menzionate i fattori migliori dell'azienda a cui vi candidate e perché vi vedete bene con loro nel prossimo futuro.

La mia azienda precedente/attuale ha un ambiente di lavoro meraviglioso, soprattutto perché i manager hanno fatto in modo che fossimo costantemente formati e aggiornati con gli ultimi aggiornamenti del settore. Però negli ultimi cinque anni non si è espansa e non mi ha lasciato alcuna possibilità di crescere. Questo è il motivo per cui sono ansioso di entrare a far parte della vostra organizzazione, perché la mia ricerca ha dimostrato che siete in rapida crescita e dinamici.

Possiamo contattare coloro che sono sulla tua lista delle referenze?

Il modo migliore per rispondere a questa domanda sarebbe quello di chiedere agli intervistatori di non contattare le persone sulla vostra lista di riferimento fino a quando non avete ricevuto un'offerta di lavoro. Il motivo principale è che non vorresti che l'ufficio del tuo precedente datore di lavoro debba rispondere a così tante chiamate da parte delle aziende a cui hai fatto domanda. Tuttavia, se avete già detto al vostro precedente datore di lavoro che vorreste che loro fossero nella vostra lista delle referenze, potete andare avanti e dire di sì all'intervistatore.

D'altra parte, se lavorate ancora con la società che si trova nella vostra lista delle referenze, allora dovete spiegare attentamente all'intervistatore che siete preoccupati di allarmare la vostra attuale società sul fatto che state facendo domanda ad un'altra società.

Sarei molto lieto se lei li chiamasse più tardi e sono certo che le forniranno prove a sostegno di ciò che ho detto in questo colloquio. Ma non sarebbe meglio se venisse rinviata fino a quando lei eventualmente deciderà di farmi un'offerta? Non vorrei attirare la loro attenzione sul fatto che io sia alla ricerca di un nuovo lavoro presso la vostra azienda.

Capitolo 9: domande sull'educazione.

Mentre il tuo curriculum vitae o curriculum vitae fornisce all'intervistatore una panoramica della tua carriera e della tua formazione, è impossibile per lui apprendere da questo tutti i dettagli minori che vorrebbero conoscere. Così, potrebbero farvi qualche domanda di approfondimento durante il colloquio. Pertanto, è imperativo per voi padroneggiare tutta la vostra formazione professionale e accademica come se vi chiedesse di riconoscere il dorso della vostra mano. In questo modo, è possibile rispondere a tutte queste domande con piena fiducia nelle proprie capacità, conoscenze ed esperienze.

Come è stato lavorare come un...?

Prima di entrare nel colloquio, siate pronti a descrivere i dettagli delle vostre responsabilità durante il vostro lavoro attuale o precedente. Fate attenzione a non essere troppo particolari sulle cose insignificanti, perché l'intervistatore potrebbe semplicemente annoiarsi. Invece, evidenziate da tre a cinque ruoli importanti che avete svolto e che possibilmente sono correlati alla posizione per cui vi candidate.

Come assistente marketing dell'azienda ABC, ero responsabile del social media marketing. In particolare, ho avuto tre ruoli principali. In primo luogo era quello di aggiornare costantemente e regolarmente tutti gli account dei social media di ABC, in modo da poter monitorare regolarmente i feed del nostro mercato di riferimento. Il secondo è stato quello di creare promozioni innovative per i nostri ultimi prodotti e di collaborare con il direttore marketing per idee nuove che possiamo lanciare sui social media. Il terzo è stato quello di comunicare con i nostri abbonati online e di garantire che tutte le domande e le preoccupazioni che pubblicano sui nostri siti di social media fossero gestite immediatamente.

Cosa ti ha reso più orgoglioso nella tua carriera lavorativa fino ad oggi?

La tua risposta dovrebbe riflettere qualcosa a cui il tuo intervistatore può fare riferimento, non qualcosa che è così specifico, ad esempio che riguarda solo il settore della gelateria mentre stai sostenendo un colloquio per una posizione nella consulenza manageriale. Amplia il tuo processo di pensiero, sai già fin da ora che probabilmente questa domanda arriverà, e quindi sii preparato con diverse risposte possibili. Poi scegli in base al tipo di lavoro per il quale stai sostenendo il colloquio.

Ho avuto l'opportunità di diventare Green Belt Six Sigma Certified nel mio ruolo attuale, e gli strumenti e le metodologie che ho imparato mi hanno permesso di eccellere quando si tratta di analisi dei dati.

Quali certificazioni o licenze professionali possiedi? Da quanto tempo le hai avute? Quali sono i requisiti per mantenerle o rinnovarle?

L'intervistatore vuole essere sicuro che siate consapevoli di tutte le certificazioni o licenze professionali che hai ottenuto e che di certo hai inserito nel curriculum. Se hai inserito il corso di HACCP ma non sai se è ancora valido o se dovrai rinnovarlo, di certo non fai una bella figura. La maggior parte delle certificazioni o licenze richiederà un rinnovo nel tempo con nuovi corsi o partecipando a seminari per rimanere al passo con le novità del settore o dell'area di competenza specializzata.

Sono certificato come Microsoft Certified Solutions Associate (MCSA) e Microsoft Certified Solutions Expert (MCSE). Ottengo la ricertificazione ogni tre anni e la ricertificazione richiede un esame. Il mio ultimo esame di ricertificazione è stato nell'agosto dello scorso anno e il mio punteggio all'esame è stato del 98%.

Cosa ti è piaciuto di più della scuola elementare? Le scuole superiori? Università? Post-laurea?

Hanno già imparato chi sei e qual è il tuo background, ma vogliono comunque conoscere chi sei veramente. Tutti noi abbiamo esperienze che ci hanno aiutato a identificarci, ma sono le nostre emozioni, sentimenti e reazioni che aiutano davvero a comporre la persona che siamo. Probabilmente ti chiederanno cosa ti è piaciuto di più della scuola, quindi sii onesto!

Quando andavo a scuola, amavo le lezioni di scienze. Sono sempre stato curioso di sapere come funzionava il mondo. Quando sono entrata al liceo, mi sono concentrata di più sull'arte e sull'espressione di me stessa. Quando sono entrato all'università, ho iniziato ad interessarmi di più alla comunità che mi circondava e a come potevo effettivamente influenzare le persone intorno a me.

Capitolo 10: domande sull'esperienza

Rispondere correttamente e con sicurezza a queste domande fa capire che si ha già alle spalle una buona esperienza, cosa sempre molto gradita perché permette di affrontare gli imprevisti con maggiore facilità.

Se le venisse offerto il lavoro in questo momento, come risponderebbe?

A questa domanda sicuramente saresti tentato di rispondere con entusiasmo con un bel "SI!" ma ci sono in realtà due scenari da tenere a mente: se già conoscete bene l'azienda o se non la conoscete.

In primo luogo, devo dire che apprezzo molto questa opportunità. Tuttavia, prima di accettare il lavoro, penso che sia importante per me conoscere meglio le mie responsabilità, il settore, gli obiettivi e le sfide della vostra azienda. Vorrei incontrare il vostro team per saperne di più anche su di loro. Ciononostante, finora tutto mi sembra positivo e allettante.

D'altra parte, se sapete già tutto sul lavoro e l'azienda, allora andate avanti e dite di sì. Assicurati che l'intervistatore ti abbia fornito le risposte alle tue domande sulle responsabilità, lo stipendio, le prestazioni, prima di far loro sapere che siete molto interessati.

Tutto ciò a meno che, naturalmente, non abbiate cambiato idea.

Come ti rapporti alle direttive?

L'ultima cosa che ogni dipartimento delle risorse umane vuole fare è trattare con qualcuno che ha problemi con l'autorità. Spesso, questo individuo è una persona che ha difficoltà a lavorare come parte di un team e a riconoscere la gerarchia dell'organizzazione. Ovviamente a questa domanda dovresti rispondere con sincerità, poiché se sei una persona che non gradisce indicazioni potresti essere in difficoltà quando avrai qualcuno che ti dirà cosa fare.

Sono rispettoso dell'autorità e non ho problemi a seguire le indicazioni che mi verranno fornite. Infatti, ammiro quando un datore di lavoro sa esattamente cosa deve essere fatto e fornisce linee guida in modo che un progetto possa essere eseguito senza intoppi ed efficacemente. Ritengo inoltre che sia un vantaggio ricevere istruzioni da un superiore perché le considero una forma di tutoraggio.

D'altra parte, se l'azienda lavora con un modo più liberale di gestire le cose, allora si può trovare un piacevole equilibrio tra l'essere rispettosi ed essere più flessibili.

Come affronti lo stress sul lavoro

Per quanto semplice possa sembrare questa domanda, alcune persone rispondono effettivamente in modo non così convincente. Ogni volta che una risposta personale ti viene in mente, pensa sempre che potrebbe essere percepita dall'intervistatore sotto una cattiva luce.

Le risposte personali riguardano proprio la persona stessa e di conseguenza sono soggettive e rischiano di essere fraintese.

Per esempio, l'idea di bere qualche drink al bar locale per eliminare lo stress potrebbe sembrare del tutto normale, ma se qualcun altro ha risposto con qualcosa che è legato allo sport o ha a che fare con la meditazione, allora possono avere una maggiore possibilità di impressionare l'intervistatore.

Invece, pensate ad alcune attività di de-stressing che sono socialmente più accettabili (e che si fanno veramente). Può essere qualcosa di semplice come parlarne con il vostro partner o applicare tecniche di rilassamento. Trovate qualcosa che potreste avere in comune con l'immagine che la vostra futura azienda vuole preservare e che sarà la vostra risposta.

Quello che mi piace fare ogni volta che sono sotto stress è andare in palestra e sudare. Ho sempre creduto che l'esercizio fisico sia un grande alleviante dello stress. Ma ci sono anche momenti in cui anche una buona cena fuori con gli amici aiuta a rilassarmi, sia dai pensieri derivanti dal lavoro che dalla quotidianità.

Quali sono le tue forti capacità organizzative?

Essere organizzati è incredibilmente importante. Possono semplicemente chiederti se hai questa abilità, o quest'altra abilità e così via, ma quando ti fanno questa domanda diretta vuol dire che desiderano che tu riempia gli spazi vuoti, che tu faccia sapere loro qualcosa alla quale tengono molto. Piuttosto che affermare apertamente che un tipo preciso, puntuale e così via, metti l'accento su come riesci ad essere organizzato. Spiega cosa fai durante la giornata affinché tutto segua il giusto filo logico senza alcun intoppo.

Penso che organizzarsi sia incredibilmente importante per affrontare o evitare qualsiasi problema possa sorgere durante un dato progetto. Solitamente per organizzarmi, faccio prima una lista di tutti i compiti che devo svolgere. Da lì, darò loro la priorità per importanza e li separerò in base al tempo necessario per portarli a termine e cercherò anche il modo di portare a termine due compiti contemporaneamente. Da quel momento, faccio del mio meglio per rispettare le tempistiche, concedendomi sempre un po' di tempo in più come margine per poter far fronte ad eventuali imprevisti che potrebbero verificarsi!

Se tu facessi parte di un gruppo e cominciassi a pensare che gli altri non stanno facendo la loro parte, come affronteresti questa situazione?

Questa può essere una sensazione frustrante. C'è un progetto di gruppo che include cinque persone, ma c'è una persona del gruppo che non sta collaborando e facendo la sua parte. Tutti gli altri del gruppo lavorano sodo ma il risultato complessivo non è soddisfacente proprio a causa dello sfaticato.

In primo luogo mi chiederei se anch'io ho responsabilità in questa determinata situazione. Forse non sto delegando adeguatamente i compiti? C'è una mancanza di comunicazione? Prima mi assicurerei di fare tutto il possibile da parte mia, poi affronterei la questione all'interno del gruppo. Lo farei faccia a faccia, parlando con ogni singola persona ma non in modo diretto, bensì attirandole in conversazioni personali sul progetto. Da ognuno di loro, anche da quelli che ben si comportano, può arrivare la giusta soluzione. Potrebbe essere anche un problema di rapporti personali. Nulla deve essere lasciato al caso.

Qual è una decisione impegnativa che in passato hai dovuto prendere a lavoro?

La persona che conduce l'intervista vorrà sapere se sei bravi con gli ultimatum, a risolvere problemi o nelle discussioni. Avete le capacità di discernere se quello che state scegliendo di fare sia giusto o meno? Siete sicuri di voi stessi dopo che avete preso una decisione finale? Questo è ciò che potreste rispondere a questa domanda:

Una volta al lavoro, ho dovuto decidere tra due ragazze che avevano richiesto improvvisamente lo stesso giorno libero. Qualcuno tra le due doveva assolutamente lavorare, ma entrambe avevano bisogno di tempo libero, così mi sono trovato di fronte al dilemma di decidere a chi concedere la giornata di ferie. Entrambe erano brave lavoratrici, e avevano alti livelli di performance. Alla fine, ho deciso di guardare le richieste passate per vedere tra le due chi avesse usufruito di più permessi last minute. Una ragazza non aveva mai chiesto un permesso nei due anni in cui era lì, mentre l'altra ragazza richiedeva un permesso almeno una volta ogni due mesi. Ho finito per tenere a lavoro la ragazza che aveva richiesto più tempo libero regolarmente, ma ha comunque lavorato mezza giornata in modo da poter usufruire anche lei di un po' di tempo per le sue necessità.

Come ti descriverebbe come dipendente il tuo ultimo capo o responsabile di area?

Questa è un'altra grande domanda che probabilmente ti faranno in una forma o nell'altra. Vogliono sapere non solo come sei come dipendente, ma anche come potresti essere con un eventuale incarico di responsabilità. Saresti temuto dai tuoi lavoratori? Avrebbero problemi a relazionarsi con te? Sarebbero i tuoi migliori amici? Questo rapporto precedente con gli alti dirigenti sarà importante per aiutarli a vedere quali benefici potresti portare alla posizione di dipendente.

Direi che ho avuto un buon rapporto con il mio ultimo supervisore. Avevamo una comunicazione aperta. Lei mi diceva sempre cosa fare ma abbiamo anche lavorato insieme per delegare i compiti da svolgere dato che ero molto bravo a capire quali altri dipendenti erano maggiormente preparati per soddisfare determinate esigenze.

Mi parli del suo curriculum professionale.

Evidenzia gli elementi interessanti sulla tua carriera lavorativa, come risultati, promozioni, premi, approcci creativi e idee implementate. È importante notare come hai sei riuscito a fare la differenza in ciascuna delle aziende con cui hai lavorato e menziona almeno un motivo accettabile per cui hai lasciato ognuno di questi lavori.

Parlami del tuo lavoro attuale.

Fornire un quadro chiaro del proprio ruolo e delle proprie funzioni. La tua risposta dovrebbe mostrare la tua consapevolezza di ciò che ci si aspetta da te sul lavoro e di come il tuo lavoro ha contribuito alla performance complessiva dell'azienda.

Come ti rechi a lavoro?

Questa domanda indaga sul livello di difficoltà che si ha per recarsi sul posto di lavoro. Fornisce inoltre all'intervistatore un'idea della vostra etica del lavoro in termini di puntualità. Rispondi a questa domanda illustrando quanto sia facile recarti al lavoro dalla tua abitazione, come tendi sempre ad arrivare qualche minuto prima del necessario o comunque sempre puntuale, dato che la puntualità è importante per voi. Il punto fondamentale è che la tua risposta dovrebbe riflettere il fatto che venire al lavoro ben preparati e puntuali è importante per te.

La cosa migliore della tua ultima esperienza lavorativa?

Questa è una domanda che permetterà al tuo intervistatore di sapere cosa apprezzi di più sul posto di lavoro. Nel momento in cui si può discutere con loro dei vantaggi di una posizione, saranno più propensi a vedere quali sono le cose che ti appassionano di più. Sii onesto con questo, ma naturalmente sii sempre professionale. Potresti aver apprezzato il fatto che hai ottenuto un pasto gratuito ogni turno. Tieni però sempre un profilo professionale. Di' qualcosa del genere:

Una delle cose migliori del mio ultimo lavoro è stato il senso di comunità che c'era. Tutti andavano d'accordo e siamo riusciti a lavorare tutti insieme in modo armonioso, mettendo in gioco i punti di forza e le debolezze dell'altro. E 'stato un peccato quando ho dovuto lasciare, ma per fortuna, sono ancora in contatto con molti dei miei ex colleghi e non ho problemi a includerli nella mia vita quotidiana.

Quand'è stata l'ultima volta che hai perso le staffe al lavoro?

Questa domanda viene posta per verificare se sei una persona difficile o polemica, caratteristiche che nessuna azienda vorrebbe sentire da un potenziale dipendente.

Se siete qualcuno che non ha mai perso le staffe sul lavoro, allora non troverete che questa sia una domanda fastidiosa. D'altra parte, se perdi ogni tanto la calma, non devi fingere di non farlo (soprattutto se un precedente datore di lavoro può confutarlo). Invece, scegliete attentamente la vostra risposta e poi concludete dicendo che l'avete superata.

Non mi ricordo il momento esatto in cui è accaduto, perché è successo molto tempo fa. Non posso negare di aver scambiato qualche parola pesante con un ex collega a causa di un disaccordo su un progetto al quale io tenevo molto e sul quale stavamo lavorando insieme. Tuttavia, ho imparato che da quello scambio acceso di opinioni non è venuto fuori niente di buono, così da allora non ho mai più perso le staffe sul lavoro. Meglio un sano e civile scambio di opinioni che buttarla in zuffa.

Ti considereresti come una persona che si prende dei rischi?

Anche in questo caso, la conoscenza della natura del lavoro è la chiave per rispondere a questa domanda. Prendete anche in considerazione se la vostra propensione al rischio è veramente in sintonia con la posizione che volete acquisire. Inoltre, se siete troppo conservatori, non vorreste lavorare in un settore che richiede nervi d'acciaio. In generale comunque è bene far capire che non si vuole essere bloccati in un lavoro praticamente privo di rischi.

Se non siete sicuri di come rispondere a questa domanda, la risposta migliore è spiegare che vi sentite a vostro agio nell'assumervi i rischi calcolati, purché sia in linea con i valori dell'azienda.

Mi definirei un risk taker, una persona che si prende dei rischi ma che non vive il lavoro all'avventura! Io sono il tipo di persona che prende rischi calcolati ed evita di fare salti nel buio. Ci saranno sempre situazioni incerte e poco chiare per le quali si devono prendere delle decisioni, ma mi assicuro sempre di aver considerato attentamente tutti i vantaggi e gli svantaggi di una determinata situazione.

Se beccassi un tuo collega a fare qualcosa di non etico, cosa faresti?

Il modo migliore per rispondere a questa domanda dipende anche dalle modalità previste dal settore lavorativo. Nella maggior parte delle professioni, in particolare nel campo medico e legale, ci sono misure specifiche che si possono adottare per affrontare la persona e la questione.

Nella maggior parte degli altri casi, potete anche parlarne con il dipartimento delle risorse umane. Ma per evitare possibili contraccolpi, si dovrebbe prima chiedere loro sotto forma di una domanda ipotetica senza nominare direttamente la persona coinvolta. Se il dipartimento conferma che il problema deve essere risolto, potete segnalare il problema al vostro manager.

Potreste dunque rispondere:

Vorrei prima di tutto parlare con il reparto risorse umane per avere conferma se tale comportamento è considerato non etico in base agli standard dell'azienda. Se è chiaro che il comportamento non è consentito, allora riferirò ciò di cui sono stato testimone al mio manager.

Come descriverebbero i tuoi colleghi il tuo stile di lavoro e il tuo contributo al lavoro precedente?

Questa domanda è tra le domande più tipiche del colloquio e la persona che la pone è sicuramente alla ricerca di qualcosa di positivo da te. Il datore di lavoro cerca di capire quanto bene ti inserisci in una dinamica di gruppo. Vogliono sapere quanto bene ci si relaziona con gli altri sul posto di lavoro e se si è in grado di risolvere i problemi in modo efficace. Indipendentemente dalla posizione per la quale state facendo il colloquio, dovrete interagire regolarmente con altre persone e la vostra personalità dovrebbe dimostrare che potete facilmente lavorare con chiunque.

In primo luogo, quando rispondi a questa domanda devi essere onesto, per evitare che i tuoi ex colleghi ti sbugiardino se il responsabile delle assunzioni li dovesse contattare. Approfittate di questa domanda per presentare i vostri punti di forza unici che potrebbero non essere stati discussi in altre sezioni del colloquio. Presenta un quadro completo e onesto che assicuri di essere un candidato valido e adatto alla posizione.

Inoltre, una cosa è dire che sei affidabile, un'altra è dare un esempio per dimostrarlo.

Per esempio:

Sono certo che se chiedesse ai miei ex colleghi, loro mi descriverebbero come una persona molto organizzata. Una volta mi fu affidato il compito di approfondire i dettagli di un progetto di marketing interpromozionale dove dovevo aggiornare un registro con molti dati e contattare le aziende clienti. Ho anche forti capacità interpersonali, dato che nelle settimane successive abbiamo fatto molti più affari grazie ai contatti che ho nuovamente stabilito.

Quali sono I tuoi più grandi risultati?

È necessario fare attenzione ad ascoltare attentamente come l'intervistatore ha fatto questa domanda. Se lui o lei sta chiedendo per un solo risultato, devi essere pronto a descrivere il tuo più grande risultato raggiunto fino ad oggi. Se la domanda cerca più di una risposta, dovreste avere almeno tre risultati pronti per essere descritti.

Indipendentemente dal numero, tuttavia, dovete assicurarvi che la vostra risposta sia correlata alla posizione per cui vi candidate. È inutile dire che avete creato un ottimo gelato al cioccolato fondente se state sostenendo un colloquio per segretaria. Il tuo più grande successo dovrebbe anche rivelare all'intervistatore in che modo i vostri risultati hanno avvantaggiato altri (come il vostro precedente datore di lavoro).

Qui ci sono alcuni dei concetti chiave o frasi che un intervistatore potrebbe voler sentire: costi ridotti, maggiori profitti, una quota di mercato più grande, maggiore popolarità del datore di lavoro, migliori relazioni tra le altre parti interessate, e riduzione o eliminazione degli errori.

Oltre a parlare dei dettagli del vostro successo, dovreste anche essere sicuri di evidenziare come questo sia correlato al lavoro che volete ottenere, soprattutto se all'inizio non sembra esserci un collegamento diretto.

Uno dei miei più grandi successi è stato quando sono stato in grado di aiutare la nostra organizzazione di beneficenza a raccogliere fondi. Servivano specificamente per la borsa di studio di cinquantadue bambini che provenivano da famiglie svantaggiate. È stata un'esperienza così entusiasmante dove ho potuto mettere in mostra tutte le mie capacità organizzative per aiutare l'associazione a raggiungere l'obiettivo, organizzando feste benefiche, maratone e vari progetti per la raccolta fondi.

Quali sono le maggiori aspettative che avete nei confronti dei leader di un'organizzazione in cui lavorerete con successo?

Quando rispondete a questo tipo di domande, cercate di trovare un equilibrio tra la vostra capacità di lavorare in modo indipendente e la vostra capacità di prendere direttive da un superiore. Non dovete sembrare che abbiate bisogno di troppa supervisione ma nemmeno che non ne abbiate bisogno.

Evita di criticare uno qualsiasi dei vostri ex capi in quanto lascerà il reclutatore a domandarsi se farete lo stesso quando sarà il momento di parlare della loro azienda.

Sottolineate la vostra adattabilità, indicandovi come in passato avete operato con successo sotto diversi stili di supervisione. La cosa più importante è considerare le qualità di un manager.

Per esempio, si potrebbe dire:

Il mio leader ideale incoraggerebbe una comunicazione aperta con i suoi dipendenti e tra i dipendenti stessi. Credo che la comunicazione sia tra i pilastri fondamentali di un rapporto di successo tra datore di lavoro e dipendente e, a sua volta, per una produttività di prim'ordine.

C'è stato un momento in cui non sei stato d'accordo con lo stile di gestione, o con una decisione presa dai vertici aziendali? Cosa hai fatto per risolvere la situazione?

Questa è una buona domanda perché vorranno sapere come reagisci quando potresti non sei totalmente d'accordo con chi comanda. Sono dirigenti dopotutto e quindi sarà importante per loro avere un'idea di come si potrebbe gestire una situazione in cui non si è perfettamente a proprio agio.

Parleresti e diresti cosa ti passa per la testa in un dato scenario, o sei portato ad essere più passivo e starai in silenzio per rendere le cose più facili? Sai bene che in questi casi la posizione migliore è sempre restare nel mezzo. Va dunque bene parlare e avere un'opinione, ma è bene anche essere rispettosi e non mostrare rabbia o risentimento se dovessero decidere di proseguire per la loro strada.

In passato ho avuto un manager che accettava solo i lavori più facili. Anche se normalmente si dovrebbe puntare a soddisfare il maggior numero di clienti e gestire qualsiasi problema, non ha comunque mai accettato nessuna delle sfide più difficili. L'ho sempre rispettato, ma sentivo che non erano scelte corrette e che limitava la possibilità di ottenere maggiori utili all'azienda. Ho gestito la cosa chiedendo la possibilità di poter prendere alcuni ordini più complessi e alla fine si è reso conto che era importante per tutti fare un passo in quella direzione.

In quale ambiente ti trovi più a tuo agio?

Il più delle volte i datori di lavoro pongono questa domanda come parte della loro valutazione della vostra capacità di adattamento. Li aiuta anche a identificare l'ambiente di lavoro più produttivo per te.

Alcuni degli elementi importanti di un ambiente di lavoro sono le dimensioni dell'azienda, l'equilibrio tra lavoro e vita privata e la struttura organizzativa. È probabile che un ambiente di una piccola impresa sia molto diverso da quello di una multinazionale.

Come parte della preparazione dei colloqui, cerca di scoprire il maggior numero possibile di dettagli sulla cultura del luogo di lavoro dell'azienda.

Nel rispondere a questa domanda, sii il più possibile flessibile. Per esempio, se stai sostenendo un colloquio per una posizione statistica, potresti dire che sei flessibile riguardo all'ambiente, ma che lavori meglio in uno spazio relativamente calmo, in modo da poter eseguire i tuoi compiti senza la minima distrazione.

Puoi anche dire che ti piace lavorare con persone che si impegnano e che sono appassionate del proprio lavoro.

Soprattutto, dite che avete lavorato in diversi ambienti in passato e che vi adattate bene a tutti. Sia che vi siate trovati a vostro agio o meno a lavorare in un ambiente rilassato o veloce, assicuratevi di evidenziare le vostre qualità uniche e di metterle in relazione con l'azienda.

Come valuti questa opportunità di lavoro rispetto alle altre in cui ti sei candidato?

Si può essere sorpresi di sentire un intervistatore che ti fa questa domanda, ma quello che in pratica ti chiede è se ti stai candidando per altri lavori. Il potenziale datore di lavoro vuole sapere se sei un cercatore di lavoro attivo, se sei onesto e come parli di altre posizioni e aziende che ti interessano.

Se rispondi che questa è l'unica opportunità di lavoro per cui hai fatto domanda, questa risposta sarà considerata disonesta. Dovresti parlare di altre posizioni e aziende per cui ti candidi e parlarne in modo positivo. Nell'affrontare la domanda in questo modo, l'intervistatore ti vedrà come una persona con molte opportunità, il che aumenterà le tue possibilità di superare il colloquio. In pratica il risultato dovrebbe essere quello di far preoccupare l'intervistatore che possa essere battuto nei tempi da un'altra azienda nel caso decidesse di assumerti. Non parlare negativamente di altri datori di lavoro o posti di lavoro in quanto ritrarrà una cattiva immagine di te.

La risposta più adatta a questa domanda è dire che hai fatto domanda per varie opportunità di lavoro e che sei stato intervistato in diverse aziende, ma che devi ancora decidere quale sia la più appropriata per la tua prossima sfida professionale. Questa risposta non solo è positiva, ma mette in buona luce anche le altre aziende.

Qual è la tua opinione riguarda il tuo precedente capo?

L'ultima cosa che vuoi fare è dire qualcosa di brutto sul tuo capo. Puoi anche odiare il tuo capo, ma non è di questo che dovresti parlare durante il coloquio. Invece, concentrati sulle buone qualità del tuo vecchio superiore e parla di ciò che sei grato di aver imparato da lui.

Come gestisci lo stress e la pressione sul lavoro?

Se possibile, rispondi a questa domanda citando una precedente esperienza lavorativa in cui hai dovuto gestire lo stress in modo efficace. Dimostra di aver gestito lo stress attraverso una pianificazione efficace, un'esecuzione efficiente e un lavoro di squadra. Assicurati di dare al tuo intervistatore l'impressione che lo stress non è nuovo per voi e che le situazioni difficili finiscono per tirar fuori il meglio da voi stessi.

Capitolo 11: le difficili domande comportamentali.

Quando si tratta di come rispondere a domande difficili sul comportamento, non c'è una risposta giusta da dare. Qui comunque ci sono alcuni suggerimenti per rispondere a queste domande in modo appropriato utilizzando la propria esperienza e il proprio background. Prepararsi con attenzione a queste domande può essere decisivo per la buona riuscita di un colloquio di lavoro.

Quali caratteristiche pensi che dovrebbe avere un dipendente in questa specifica posizione?

Questa è una domanda importante perché è specifica per i dipendenti e dimostra quello che già conoscete dell'azienda. Mostra loro cosa pensi davvero di poter fare se ti dovessero assumere. La domanda non riguarda solo te, ma anche la posizione lavorativa. Per meglio interpretare la domanda dovresti metterti nella prospettiva della persona che conduce l'intervista, cercando di capire cosa effettivamente vuole sentire. Mettersi nei panni dell'intervistatore è sempre il primo passo da fare per capire quale potrebbe essere una buona risposta. Potreste basarvi su una descrizione del lavoro se già lo conoscete, oppure potrebbe semplicemente essere qualcosa che avete carpito durante il colloquio. La tua risposta potrebbe essere qualcosa del genere:

Penso che sia importante per un dipendente assunto in questo ruolo essere affidabile. Questo sia perché il risultato finale di un progetto deriva dal lavoro di ogni singola persona, sia perché è bene sapere di poter contare su un dipendente in caso di situazioni più complesse o se si deve lavorare sotto pressione. Se non ci si può fidare di un dipendente tutta la catena lavorativa potrebbe risentirne in modo negativo, così come l'ambiente di lavoro.

Cosa ti motiva?

Gli intervistatori si pongono questa domanda sperando di capire cosa ti spinge ad avere successo. Il datore di lavoro desidera identificare se le tue motivazioni saranno adatte alle responsabilità professionali e all'ambiente di lavoro. La tua risposta mostrerà se sei una persona con le idee chiare e se sai cosa ti potrebbe spingere a rendere meglio sul luogo di lavoro.

Nel rispondere a questa domanda, puoi scegliere di utilizzare uno dei seguenti modi. Il primo è quello di focalizzarti sul lavoro e rispondere in termini di capacità e competenze. Si può scegliere di spiegare come certi tipi di compiti o progetti ti motivano. Ad esempio, si può dire che completare un progetto prima del previsto ti motiva a far sempre meglio. Quando si risponde a questa domanda, è importante essere onesti piuttosto che limitarsi ad adattare la risposta in base a ciò che pensate che il datore di lavoro desidera volersi sentir dire.

La tua risposta dovrebbe dimostrare che non ti sei presentato al colloquio solo per i soldi. Non parlate dei soldi a meno che non si tratti di un lavoro che paga una commissione o, ad esempio, una percentuale sulle vendite. Potresti affermare che ti motiva il risolvere problemi tecnici complessi se ti stai candidando per una posizione di ingegnere. Dimostreresti dedizione al lavoro. Allo stesso modo, potresti affermare che ti piace collaborare e raggiungere gli obiettivi attraverso il lavoro di squadra, e come motivazione è una buona risposta.

Alcune delle risposte favorevoli a questa domanda sono le seguenti: Sono motivato ad assicurare che i clienti ottengano i migliori servizi di assistenza che posso offrire, sono motivato dalla gestione di team che raggiungono gli obiettivi prefissati e terminano i progetti in anticipo, oppure sono per lo più motivato dai risultati.

Come ti descriveresti in una parola?

Quando si pone questa domanda, l'intenzione dell'intervistatore è quello di sapere come ti vedi, se sei sicuro di te stesso nella tua percezione di te, e di conoscere il tuo tipo di personalità. L'intenzione è di vedere se quella che consideri la tua qualità più forte ti aiuterà a svolgere in modo eccellente il lavoro proposto.

Nel rispondere a questa domanda, non usare parole innocue, come resiliente o felice, perché queste parole non dimostrano il valore che potreste aggiungere quando sei all'interno dell'ambiente di lavoro. Inoltre, evita di usare parole come laborioso e orientato ai risultati perché sono usate spesso e creano scetticismo e immediata irritazione.

Un esempio adatto per descriverti è quella qualità che è utile avere per raggiungere l'eccellenza nel tuo lavoro. Le parole più appropriate che potreste usare sono: organizzato, focalizzato, affidabile, creativo, metodico, dinamico o strategico. Ognuna di queste parole può essere un valore aggiunto anche per l'azienda. Scegli quella he più si adatta alla posizione lavorativa per la quale stai sostenendo il colloquio.

Dammi un motivo per cui a qualcuno potrebbe non piacere lavorare con te.

Il vostro potenziale datore di lavoro ti pone questa domanda per scoprire se hai problemi di personalità. È una domanda molto importante che spesso viene affrontata male. Mentire non è mai un bene, molti non trovano il coraggio di descrivere il proprio lato debole, ma la sincerità in questo caso viene premiata. Anche perché dire che non esiste una persona che potrebbe non gradire la tua presenza è alquanto ridicolo e suona di falso. Bisogna dunque trovare un giusto compromesso.

Nel rispondere, è importante costruire la risposta in modo da non essere autolesionisti. La risposta "a volte perdo troppo facilmente la calma soprattutto quando le scadenze sono sbagliate" può essere interessante perché mostri interesse nel portare a termine il compito con puntualità. Il modo più adatto è quello di concludere con un commento positivo. Per esempio, "nonostante ciò ho avuto la fortuna di avere un ottimo rapporto in tutti i miei colleghi".

Per un manager la risposta dovrebbe essere positiva e il più possibile legata al lavoro. Ad esempio, a volte prendo decisioni impopolari per il bene dell'azienda e questo a volte fa sì che i dipendenti non mi vogliano bene. Dimostri in questo caso che a lavoro l'immagine aziendale vale per te più della tua. Come si è detto, questa domanda è molto impegnativa, ma, come in ogni altro caso, è possibile trovare una risposta adeguata.

Che tipo di animale saresti?

Questo è qualcosa che viene comunemente richiesto. Ciò che la persona che conduce l'intervista spera di ottenere è solo una piccola intuizione su cosa pensi di te stesso. Non solo questo, ma sono anche curiosi di sapere quali qualità potreste avere che non avete ancora evidenziato. Non scegliere il cane o il gatto ovvio, ma se dovete davvero, elaborate su quali qualità interessanti hanno questi animali e che credete possiate avere anche voi. Scegli qualcosa di un po' inaspettato. Ecco una risposta divertente che può funzionare, ma non ripeterla alla lettera, naturalmente!

Dovrei dire che vorrei essere una specie di uccello tropicale. Mi piacerebbe avere la possibilità di volare al di sopra di tutto il resto e di avere la sua vista, ma anche di avere familiarità con le acque tropicali. Di certo non vorrei essere un uccello che viene cacciato, però! Vorrei solo far parte del bel mondo e sperimentare e vedere tutto ciò che c'è.

Come ha trovato il tempo per sostenere questo colloquio?

Un altro format per questa domanda è: Dove il tuo datore di lavoro pensa che tu sia in questo momento? È una domanda che gli intervistatori usano con l'intenzione di scoprire se le vostre priorità attuali sono il colloquio oppure il lavoro che stai cercando di lasciare. L'intervistatore sa che le abitudini che ritraete durante l'intervista mostrano come tratterete il vostro lavoro e quale sarà la vostra integrità. Inoltre, il potenziale datore di lavoro vuole sapere se siete sinceri.

Il trucco per rispondere correttamente a questa domanda è quello di identificare se state infrangendo le attuali regole del datore di lavoro. Nella maggior parte dei casi, le persone in cerca di lavoro trovano scomodo mentire perché considerano la domanda come una questione personale.

Anche se può non sembrare giusto e tutto ciò che vuoi al momento è un nuovo lavoro, in questo caso una piccola bugia non fa male. È saggio spiegare che metti sempre il tuo lavoro al primo posto e quindi pianifichi i colloqui durante il tuo tempo libero come il fine settimana, l'ora di pranzo, dopo il lavoro, o durante il tempo libero del personale. Non puoi dire che hai preso un permesso per motivi di salute per andare invece a sostenere un colloquio! Puoi aggiungere che il tuo supervisore ti dà volentieri la possibilità di prenderti del tempo libero senza indagare perché si concentra maggiormente sui tuoi risultati. E questi lo hanno sempre più che soddisfatto.

Come gestisci il tuo tempo?

Variazione: Come descriveresti le tue capacità di gestione del tempo o come affronti le scadenze?

Qualsiasi datore di lavoro vorrebbe qualcuno che è altamente consapevole del tempo ed è in grado di gestire bene una varietà di compiti durante la giornata. Tale capacità significa che la persona è una persona su cui si può fare affidamento quando si tratta di fornire risultati di qualità in un determinato tempo.

Per rispondere a questa domanda, è necessario assicurarsi di aver compreso le priorità. La chiave è seguire il principio di mettere sempre al primo posto compiti urgenti e importanti. Fate loro sapere che seguite questo principio e poi supportate la vostra risposta con un esempio.

Sono abbastanza orgoglioso di come sono in grado di gestire il mio tempo in modo efficiente ed è perché inizio sempre la giornata affrontando prima il compito più importante e più urgente. Per esempio, due settimane fa un cliente che mi ha chiesto di elaborare la consegna delle scorte prima del previsto. All'incirca nello stesso momento, il nostro capo manager mi ha chiesto di presentare un rapporto. Era impossibile per me fare entrambe le cose, così ho chiesto al mio co-dipendente di elaborare la consegna per il cliente mentre presentavo la relazione al responsabile. Solo in seguito ho ripreso a seguire in prima persona il cliente per assicurarmi che la consegna fosse stata effettuata.

Si cerca dunque di portare sempre tutto a termine nei tempi giusti ma sempre avendo ben in mente quali cose siano prioritarie e quali secondarie.

Come trovi la motivazione quando non hai voglia di fare nula?

La motivazione è un fattore chiave in molte posizioni lavorative. La persona che conduce l'intervista vorrà semplicemente sapere come si è in grado di motivarsi anche quando si ha la sensazione di non voler fare niente. Questa è una potenziale risposta che potresti condividere con lui se ti viene chiesto:

La motivazione è migliore quando viene da dentro me stesso. Quando sento di non avere voglia, di solito cerco di ricompensarmi a termine di un compito. Ad esempio se termino un progetto in anticipo dico a me stesso che mangerò al ristorante invece di sgranocchiare velocemente il panino portato da casa. Se non riesco a trovare questa motivazione dentro di me, allora mi piace parlare con amici e familiari che mi incoraggiano a continuare, o potrei ascoltare alcune delle mie canzoni preferite o leggere citazioni che mi ispirano!

Quali App usi di più sul telefono?

Questa domanda serve per avere un'idea del tipo di persona che sei. È un gioco l'App su cui passi la maggior parte del tuo tempo? Sei qualcuno che legge sempre le notizie oppure sei un amante dei libri e usi l'App per leggere i Kindle? Questa è solo una domanda divertente che ti aiuterà a mostrare un po' di più sulla tua personalità.

L'applicazione che probabilmente uso di più è Instagram. Mi piace scattare fotografie, modificarle e avere nel mio telefono i ricordi dei miei cari. Mi piace anche guardare le foto, stare al passo con le notizie, e chattare con gli amici online, cosa che posso fare sempre attraverso Instagram.

Se potessi cambiare una cosa sul tuo aspetto, quale sarebbe? Se potessi cambiare qualcosa sulla tua personalità, quale sarebbe?

Questa è una domanda spinosa che potrebbe farti arrabbiare, ma è anche una domanda divertente che dà alla persona che conduce l'intervista un'idea di come la pensi. Qual è la cosa che pensi sia più importante da cambiare sul tuo aspetto fisico? E sulla tua personalità? È importante che tu sia consapevole e capisca quali sono i problemi su cui potresti aver bisogno di migliorare. Inoltre, allo stesso modo non devi essere troppo duro con te stesso. Se sei sovrappeso potresti desiderare di perdere peso ma non devi dire che ti vedi allo specchio come una balena! Ecco una buona risposta che potresti voler includere:

Se potessi cambiare una cosa sul mio aspetto, probabilmente vorrei sbiancare i miei denti! Penso che un sorriso brillante sia importante per diffondere la positività e dimostrare che sono una persona pulita. Per la mia personalità, vorrei anche essere meno critico e più gentile con me stesso in modo da avere più fiducia in me stesso.

Se ne avessi la possibilità, quale animale vorresti essere?

Tali test caratteriali non sono rari nelle interviste. I datori di lavoro pongono questa domanda per valutare le vostre conoscenze generali e la vostra capacità di rapportarvi alle situazioni in modo appropriato. Anche se siete liberi di rispondere qualsiasi cosa per questa domanda, avrete sicuramente maggiori possibilità di far buona impressione se la vostra risposta mostra i vostri punti di forza e si collega con il lavoro.

È importante rappresentare la vostra creatività e relazionarvi con le qualità positive dell'animale, che ogni dipendente di alto livello dovrebbe possedere.

Idealmente, questa domanda è pensata per essere divertente e rompere la monotonia delle domande sulle conoscenze, le competenze e le esperienze, ma occhio! perché questa risposta può rivelare molto di te. Assicurati di menzionare un animale con tratti amabili come un cane o un cavallo e sii certo che abbia caratteristiche adatte al ruolo per il quale vi state candidando. Non dovresti voler essere un bradipo se una volta assunto finisci in una catena di montaggio.

Evita animali con una cattiva reputazione come i serpenti, non pensare troppo a lungo alla tua risposta e non comportarti come se questa domanda fosse sgradita o dicendo che non ti piacerebbe essere un animale.

Una risposta ideale è, per esempio, se potessi essere un animale, mi piacerebbe essere un cane. Sono estremamente leali, e offrono sostegno a chiunque ne abbia bisogno.

Cosa faresti se vincessi 5 milioni di euro domani?

I datori di lavoro fanno questa domanda per valutare il vostro senso dell'impegno anche dopo una grande vittoria.

La tua risposta a questa domanda denota sia la tua motivazione al lavoro che la tua etica del lavoro. Vorrebbero anche sentire le vostre idee su come spendereste una tale quantità di denaro e su cosa potreste investire. La tua risposta illustrerà anche quanto sei responsabile con il denaro e quanto sei maturo come persona.

Una domanda del genere, se non sei preparato in anticipo, potrebbe metterti in difficoltà.

Evita una risposta irresponsabile poiché essere irresponsabile con i propri soldi significa che potresti essere irresponsabile anche con i loro soldi.

Una risposta ideale potrebbe essere quella di dire loro che continuereste a lavorare perché siete appassionati di quello che fate e, allo stesso tempo, fareste investimenti finanziari intelligenti.

Qual è il tuo colore preferito e perché?

La maggior parte delle persone non sono consapevoli della psicologia del colore, ma è tra gli strumenti utilizzati dai datori di lavoro per misurare l'armonia di un candidato. La psicologia del colore è definita come lo studio del comportamento umano attraverso i colori.

I diversi colori creano impatti diversi su una persona, sebbene differiscano da persona a persona a causa delle diverse individualità. Per esempio, le persone a cui piace il bianco sono associate alla semplicità, all'igiene e alla voglia di lavorare. Il rosso mostra forza ed energia, mentre il nero mostra intelligenza e autorità.

Qualunque colore scegliete, dovreste cercare di mostrare i suoi attributi positivi, come quello che ritrae la vostra disponibilità a dare le vostre migliori prestazioni per raggiungere gli obiettivi dell'azienda.

Per esempio, si potrebbe scegliere il blu e dire che mi piace il blu perché è il colore del cielo, e ogni volta che guardo in alto mi ricorda come devo lavorare sodo e raggiungere i miei obiettivi perché non ci sono limiti.

Chi è il tuo mentore e perché?

Gli intervistatori fanno questa domanda per stabilire se c'è un individuo nella tua storia professionale che ha fatto la differenza nella tua vita. Non sono esattamente interessati a ciò che la persona vi ha insegnato, ma sono interessati a sapere se siete in grado di entrare in contatto con i tuoi superiori e imparare dalla loro esperienza.

Un mentore è qualcuno che offre consigli saggi e offre anche risorse per aiutare una persona nella vita professionale o personale. Un mentore potrebbe essere qualcuno importante quanto un CEO di un'azienda o un vicino di casa che ti aiuta a sistemare piccole cose.

Non sentitevi obbligati a menzionare qualcuno del vostro precedente posto di lavoro, ma trovate una breve risposta. Pensate ai vostri successi più importanti ottenuti nella vita, poiché di certo ci saranno state persone che vi hanno aiutato a raggiungere quegli obiettivi, anche se non hanno offerto un mentoring significativo. Non parlare del fatto che hai avuto solo cattivi mentori nella tua vita.

Una risposta ideale sarebbe: considero il mio ex supervisore il mio mentore. Mi ha dato la spinta in più di cui avevo bisogno per trovare il mio posto nel mio percorso professionale e nell'azienda, il che mi ha dato la fiducia e mi ha fatto ottenere molti risultati positivi.

Qual è l'ultimo libro che hai letto?

Rispetto ad una precedente domanda già vista, questa è specifica sui libri. Il datore di lavoro può porti questa domanda per cercare di capire se sei una persona premurosa che utilizza il proprio tempo per ottenere nuove conoscenza o nuove idee.

Non pensare che il libro debba avere a che fare specificamente con l'azienda con la quale state sostenendo il colloquio. Potrebbe essere un libro di conoscenza generale, incluso come gestire le proprie finanze, o come diventare un imprenditore di successo, o anche come vivere uno stile di vita sano.

Inoltre, non limitarti a dichiarare il titolo del libro, ma fornisci alcuni dettagli di ciò che il libro ti ha offerto e di ciò che hai imparato dalla lettura. Per esempio, se stai leggendo un libro su uno stile di vita sano, spiega come la lettura del libro ha avuto un impatto sulle tue scelte di alimentazione quotidiana e sull'attenzione all'attività fisica.

Come interagisci solitamente con i colleghi di lavoro?

In alcuni ambienti di lavoro potresti essere completamente isolato e non potrai interagire con anima viva. Altri ambienti invece richiedono una collaborazione completa. Questa è una buona domanda per aiutare il tuo intervistatore a capire se tu sarai in grado di lavorare bene con il resto del team. Siate onesti, se avete ex colleghi nella vostra schiera di amici, è fantastico! Se avete avuto difficoltà a inserirvi dite il perché.

All'inizio posso essere timido, a volte ho paura mostre me stesso a persone sconosciute, ma non mi serve troppo tempo per riuscire a sentirmi a mio agio in un nuovo ambiente e dopo è facile per me aprirmi e fare amicizia. Andare d'accordo con gli altri è importante, sia per sentirsi in sintonia con l'ambiente lavorativo, sia per rendere il lavoro molto più piacevole.

Cosa ricorda di più della sua infanzia?

Quando ti viene chiesto di riflettere sul passato e di guardare alla tua infanzia, dovrai concentrarti su ricordi positivi e felici. Purtroppo, alcuni di noi hanno attraversato situazioni più difficili nella nostra vita e che non vogliamo ricordare, ma ora non è il momento di condividerle. Invece tira fuori un ricordo che ti caratterizza e che senti parte della tua vita, anche se è stata una sfida.

Ricordo di essere sempre stato curioso e interessato a scoprire quante più nuove informazioni possibili. Ricordo di mia madre single che per portare avanti la famiglia faceva due lavori. La mia curiosità unita al duro lavoro di mia madre, mi ha aiutato a diventare la persona determinata e ottimista che sono oggi. Anche quando le cose erano più difficili, mia madre aveva un atteggiamento positivo e questo suo insegnamento mi ha accompagnato fino ad oggi.

Diciamo che sei in una posizione in cui ti sono stati dati diversi compiti da completare entro una certa scadenza. Ti rendi conto che anche se hai lavorato senza sosta il più duramente possibile, è comunque una scadenza irrealistica. Come gestiresti questa situazione?

Questa è una situazione comune che si potrebbe incontrare nella vita reale. A volte abbiamo un sacco di lavoro da fare, e nonostante vogliamo farlo, ci accorgiamo che non abbiamo il tempo sufficiente per completare i compiti in modo ragionevole. Anche se ci sforziamo il più possibile, c'è sempre la possibilità di non riuscire a finire nei tempi previsti. Ovviamente non puoi rispondere a questa domanda che per te non ci sarebbe alcun problema e che riusciresti a terminare tutto in tempo grazie alla tua capacita organizzativa a bla, bla bla... Sarebbe irrealistico! Rispondi onestamente! Di' qualcosa del genere:

Comincerei facendo una lista di ciò che devo fare e dando priorità alle cose più importanti. Mi assicurerei di occuparmi prima di queste cose. Dopo aver lavorato un po' e aver capito meglio ciò che posso e non posso realisticamente completare, è allora che prenderei in considerazione la possibilità di parlare con il mio supervisore. Esprimerei loro quale fosse il mio problema e di cosa avrei bisogno da loro. Poi mi concentrerei nuovamente sul lavoro da svolgere dando tutto me stesso perché è meglio fare progressi incrementali che non fare nulla.

Capitolo 12: domande su casi particolari

Se sai che il tuo capo è in errore al 100%, come ti comporti?

Un datore di lavoro pone questa domanda per valutare come gestite le situazioni difficili e anche per vedere se avete mai avuto difficoltà a lavorare con un capo. Il loro interesse principale è quello di vedere come descrivi il tuo rapporto con il tuo capo.

Si tratta di una delle domande più difficili, e si dovrebbe rispondere con attenzione. Si deve dimostrare di avere tatto quando si ha a che fare con le persone; quindi, si deve sapere come evidenziare gli errori degli altri a seconda di chi ci troviamo davanti.

Si dovrebbe evitare di fingere che non sia mai successo. Sembra irrealistico che non hai mai corretto un capo e che non pensi in modo indipendente.

Fai presente che è un caso raro e spiega come in passato sei riuscito ad affrontarlo in modo diplomatico. Usate un esempio per spiegare come si è verificata la situazione. Non devi apparire come il dipendente che corregge sempre il datore di lavoro; pertanto, il tuo esempio dovrebbe essere tratto da un elemento che ha contribuito al tuo team nel lavorare in modo efficace.

Per esempio, si potrebbe dire: un po' di tempo fa il mio capo ha assegnato al mio team un progetto. Sapevo che la metodologia che ci ha indirizzato a utilizzare era obsoleta e che c'era un metodo più attuale. Sapendo che questo avrebbe influenzato i nostri risultati, sono andato privatamente nel suo ufficio e l'ho informato. Mi ha ringraziato e aggiornato le direttive, e questo ci ha dato una spinta positiva per completare il progetto.

Cita un esempio di una situazione di lavoro difficile che hai superato con successo.

Questa domanda è in realtà un'indagine comportamentale che cerca di mettere in evidenza come si risponde a situazioni difficili, ma soprattutto, come si affronta la pressione. Dovete impressionare i vostri intervistatori mostrando loro la vostra capacità di gestire le situazioni in modo professionale e produttivo, ottenendo infine una soluzione.

Si consiglia di utilizzare il metodo STAR (dall'inglese Situation – Task – Approach – Results) per descrivere la situazione, il compito che avete intrapreso, l'approccio che avete preso per completare il compito, e quindi spiegare i risultati del vostro lavoro.

Evita di parlare di te stesso sotto una luce superiore e non menzionare nemmeno le tue carenze.

Potresti dire di essere stato in un progetto che richiedeva prestazioni eccezionali in tempi ristretti.

Per esempio, un venerdì pomeriggio nel mio precedente posto di lavoro ho ricevuto una chiamata urgente con richiesta di spiegazioni su un progetto a cui stavo lavorando. Purtroppo, il mio capo aveva già lasciato il posto di lavoro ed era lui che gestiva direttamente questioni così delicate. Ho dovuto improvvisare con il cliente, e sono riuscito a trovare il modo da soddisfarlo almeno fino al lunedì successivo.

Una situazione della tua vita che ti ha reso orgoglioso?

Colui che ti intervista ti concede l'opportunità di mostrare un tuo grande successo. Questo è il momento per te di vantarti un po' di te stesso in modo che possano vedere ciò che potrai fare anche per loro. Assicurati di scegliere una situazione che metta in risalto il tuo carattere o una tua qualità che possa tornare utile anche per il lavoro. Se dici sei incredibilmente orgogliosa della tua collezione di scarpe, che sarà sicuramente bellissima, non stai di certo dando una risposta utile. Ecco invece cosa potresti dire:

Devo dire che sono orgoglioso della mia dedizione. Mi ha permesso di andare a scuola a tempo pieno mentre lavoravo anche come stagista part-time per cercare di accelerare la mia carriera lavorativa. Sono orgoglioso di me stesso per il duro lavoro svolto, anche perché finora ha sicuramente dato i suoi frutti!

Descrivi un momento in cui hai imparato la lezione.

Coloro che conducono l'intervista non si aspetteranno che tu sia perfetto. Quello di cui saranno più preoccupati è che, anche se avete un difetto, sapete esattamente cosa dovete fare per risolverlo. Vogliono sapere che, qualunque siano i problemi che potreste avere, avete la capacità di riconoscere anche gli errori e di conseguenza imparare da loro. La vita non è rimpiangere gli errori, ma avere il coraggio di affrontarli, superarli e far in modo da riuscire a non ricommetterne uguali. Ecco cosa si potrebbe dire:

C'è stata una volta in cui, in un momento di forte stress, ho rallentato il ritmo e mi sono ritrovata di venerdì che non avevo portato a termine il mio lavoro. Il lunedì successivo era in programma anche l'inizio di un nuovo progetto. Non sono riuscita a godermi il weekend perché ho avuto la mente occupata dall'idea di tutto il lavoro che mi avrebbe atteso al rientro il lunedì. Avevo in programma un viaggio che doveva essere molto divertente ma che è stato completamente rovinato dalla mia ansia. Ho imparato che, anche in periodi complicati, bisogna tenere duro e concentrarsi perché la cosa principale è rispettare le scadenze, sia per il lavoro, sia per me stessa.

Fai un esempio di un periodo in cui ti sei trovato di fronte a un carico di lavoro pesante e di come hai agito.

È sempre bene aspettarsi domande su come hai gestito le responsabilità sul tuo precedente lavoro. Quasi tutte le posizioni di lavoro hanno momenti in cui il lavoro si accumula; di conseguenza, la tua risposta aiuta il datore di lavoro a determinare se sei un buon candidato per quella posizione.

Il datore di lavoro sta ovviamente cercando di assumere qualcuno che possa rispondere efficacemente ad un eventuale aumento del carico di lavoro senza causare problemi.

Evita però di incolpare della situazione qualcuno, non deve per forza esserci un colpevole alla base (anche perché quel colpevole potrebbe essere anche il capo stesso). Concentrati sulla spiegazione dei tuoi successi nel soddisfare il carico di lavoro. Evita di enfatizzare il dramma nella tua spiegazione, che mostrerebbe solo come siete stati stressati per un carico di lavoro imprevisto.

Per esempio, si potrebbe dire:

un mio collega aveva completato un bel progetto per un certo cliente e poi è andato in licenza. Il cliente ha richiamato mentre il mio collega era in congedo e ha chiesto di modificare urgentemente alcuni dettagli. Sono stato in grado di soddisfare la richiesta in breve tempo intervenendo al posto del mio collega e lavorando sulle correzioni del cliente, e allo stesso tempo senza perdere di vista il progetto sul quale io stavo lavorando.

Spiega un conflitto che hai affrontato sul posto di lavoro precedente e come lo hai gestito.

I datori di lavoro pongono questa domanda per valutare la capacità di gestione delle controversie e per vedere quanto velocemente potresti risolvere i problemi che dovessero sorgere nel corso del tuo lavoro. La domanda offre una panoramica del tuo comportamento, delle tue capacità interpersonali e della tua capacità complessiva di gestire i conflitti.

Trovare un esempio positivo di un conflitto può essere difficile, ma è sempre possibile applicare il metodo STAR per descrivere una situazione complessa. Descrivi dunque la situazione e il compito in questione, le azioni intraprese e i risultati positivi.

La cosa peggiore che si può fare mentre si risponde a questa domanda, tuttavia, è portare aneddoti negativi sulla persona o la situazione con le quali ci si è dovuti confrontare.

Scegli un esempio autentico, spiega precisamente come l'avete affrontato, e condividi solo i dettagli rilevanti.

Per esempio, un collega assegnato a un progetto del nostro team ha iniziato a presentarsi tardi a lavoro e questo ha influito sulle sue prestazioni, ma avevamo una scadenza molto stretta. L'ho affrontato e lui si è infuriato con me. Tuttavia, sono rimasto calmo e ho spiegato l'importanza di arrivare al lavoro puntuali. Ho scoperto che aveva problemi con la sua auto e con i mezzi pubblici non riusciva ad arrivare in orario. L'ho aiutato a risolvere il suo problema anticipando il costo di riparazione della sua auto, e da allora non si è più presentato in ritardo. Mi ha ringraziato e da quel momento abbiamo lavorato in modo produttivo e con rinnovata fiducia l'uno nell'altro.

Raccontami di una volta in cui hai dovuto scusarti con un amico o un membro della famiglia e di come sei stato in grado di sistemare la situazione.

A questa domanda personale può essere un po' difficile rispondere, ma può accadere che ci venga posta e dunque è meglio prepararsi in anticipo. Quello che stanno cercando di scoprire con questa domanda è la tua capacità di assumerti le responsabilità. Riesxci ad ammettere l'errore quando ti sbagli? Riesci a riconoscere la ragione di altre persone? Capisci le varie prospettive di una situazione? Naturalmente, non devi condividere per forza il momento più drammatico della tua vota ma, allo stesso tempo, ma non avere paura di essere onesto! Fagli sapere cosa è successo e dimostra di poterti assumere la responsabilità delle cose. Ecco cosa si potrebbe dire:

una volta ero in macchina con mia madre e mia sorella. So di avere poco senso dell'orientamento ma ero certo di andare nella direzione giusta. Mia madre credeva invece che dovevamo andare nella direzione opposta. Lei ha insistito fin quando ho deciso di assecondarla, ed in effetti aveva ragione. Mi sono scusato e ho imparato che, prima di fare la figura dello stupido, è sempre meglio pensarci due volte e verificare le cose prima di presumere di aver sicuramente ragione.

Ti è mai capitato di lavorare più di quanto ti veniva richiesto?

Gli intervistatori vogliono capire se, a volte, hai la volontà di andare oltre il compito assegnato dal datore di lavoro, anche senza essere spronato a farlo. Ogni azienda vuole accertarsi che, occasionalmente, farete qualcosa di più della norma solo per portare a termine il vostro lavoro.

Il tuo obiettivo nel rispondere è dimostrare all'intervistatore che sei un buon lavoratore e non ti limiti a portare a termine il compitino se sai che puoi fare di più. Dimostra loro che sei in grado di rispondere adeguatamente a una situazione in cui il datore di lavoro ha un bisogno di qualcosa che va al di là della tua routine lavorativa quotidiana.

Descrivi un esempio in cui sei andati oltre il tuo compito.

Sii sicuri di te stesso, concentrati sulla qualità del lavoro e indica ciò che avete imparato dalle tue esperienze passate.

Tuttavia, non esagerare, poiché il punto principale resta sempre quello di essere creduto: non puoi dire che resti a lavorare ogni giorno un'ora in più per il bene dell'azienda, nessuno ti crederebbe!

Per esempio, nel mio lavoro precedente, stavo lavorando a un progetto per il quale mi erano stati forniti i requisiti minimi da rispettare. Ho capito subito che il progetto alla fine sarebbe fallito, se non fossi uscito da quei parametri. Nonostante non avessi l'obbligo di intervenire per apportare migliorie, ho deciso di perfezionare il progetto ma, per non influire sui tempi lavorativi dell'azienda, quella volta ho dovuto proseguire il lavoro a casa durante il weekend.

Qual è stato il tuo più grande fallimento?

Anche se può sembrare un azzardo, invece che concentrarsi sui propri punti di forza, dimostrare capacità affrontare le proprie difficoltà può ripagare meglio di quanto si pensi. I datori di lavoro vogliono sapere della vostra capacità di essere all'altezza dei vostri errori, di trovare una soluzione e della vostra capacità di crescita grazie all'esperienza.

Ogni situazione che descrivi dovrebbe essere quella in cui ti sei assunto la piena proprietà dei tuoi errori e hai preso misure efficaci non solo per risolvere il problema, ma anche per evitare che si ripeta mai più. Dovresti essere onesto ma evitare comunque di condividere qualcosa che potrebbe forse rovinare le tue possibilità di essere assunto magari dicendo che una tua decisione ha messo l'azienda in cui lavoravi in serio pericolo. La cosa più importante è comunque evitare di dare la colpa a chiunque altro.

Un buon esempio da condividere è quando hai nascosto una tua idea che sapevi avrebbe aiutato a migliorare i risultati di un progetto nel tuo lavoro precedente. Non lo hai fatto nonostante ne fossi certo, un po' per timidezza un po' per insicurezza. Questa situazione ti ha insegnato ad essere più aperto e sicuro delle tue idee sul posto di lavoro. Questo esempio può indicare che i tuoi fallimenti potrebbero effettivamente aiutarti a diventare un dipendente migliore. Anche uno degli imprenditori più famosi al mondo, Bill Gates, una volta disse: "Va bene celebrare il successo, ma è anche importante considerare le lezioni apprese dal fallimento."

Capitolo 13: domande generiche

La puntualità è importante per te?

La puntualità sarà un aspetto estremamente importante da tenere in considerazione per i potenziali responsabili delle assunzioni. Quando qualcuno ha bisogno di te in un determinato momento, allora chiaramente si aspetta che tu rispetti l'orario concordato. La mancanza di puntualità potrebbe indicare che non puoi essere affidabile anche in altri modi.

Credo che la puntualità sia molto importante. Ci sono momenti in cui alcuni imprevisti possono accadere, ed è per questo che mi assicuro di essere in anticipo. Non si sa mai cosa potrebbe accadere. Essere puntuale è importante anche perché so di essere frustrato quando aspetto qualcuno che è in ritardo, quindi mi assicuro di non fare questo ad altre persone.

Quali sono le tue capacità che non sono affatto legate alla tua vita lavorativa? Quali sono i tuoi maggiori talenti?

Questa è una domanda per vedere quali competenze si possono possedere al di fuori del posto di lavoro. La tua risposta darà una visione del tipo di cose che sono importanti per te, e quali sono altri talenti che potresti avere e che la persona che conduce l'intervista non ha ancora scoperto. Puoi aggiungere un po' boost alle tue abilità, soprattutto se queste possono essere collegate strettamente al colloquio che stai affrontando. Ad esempio, potresti stare sostenendo un colloquio per una posizione di graphic design, e quindi potresti rivelare di essere bravo anche nel montaggio video. Questo potrebbe aiutare ad aumentare le possibilità che il tuo datore di lavoro si ricordi di te e delle tue preziose competenze. Ecco cosa potreste condividere a questo proposito:

In realtà ho la capacità di disegnare piuttosto bene e di trovare slogan divertenti o veloci. Ho una grande attenzione per i dettagli e, anche se so che non cercate questo tipo di persona, potrei pure aiutare con la gestione dei social media e creare contenuti interessanti per attirare le persone.

Come definisci il successo?

È importante essere riflessivi nel rispondere alla domanda di cui sopra, anche se può sembrare semplice. Gli intervistatori vogliono sapere le vostre priorità e le cose che vi motivano. Inoltre, l'intervistatore vuole sapere se si adotta un approccio più personale e individualistico al successo.

Il trucco con questa domanda è la parola successo. È estremamente soggettivo e anche una risposta pensata correttamente potrebbe essere facilmente fraintesa. Vuoi dimostrare di essere ambizioso ma potresti finire con l'apparire come una persona che non ha i piedi a terra e nemmeno la testa sulle spalle.

Quindi, nel rispondere a questa domanda, si dovrebbero dare risposte relativamente inoppugnabili e rimanere orientati al lavoro.

Per esempio, potreste rispondere affermando: "è un successo quando riesco ad implementare le mie competenze e abilità rispetto agli obiettivi di gestione finanziaria che la società ha stabilito.".

In pratica è necessario mostrare la propria ambizione collegata alla posizione di lavoro che state cercando di ottenere, sempre però cercando di essere credibili.

Qual è un tuo importante valore collegato ad un ambiente di lavoro??

Quando pensiamo ai valori, potremmo pensare prima di tutto alla religione, alla politica o alla filosofia. Tuttavia, non c'è bisogno di rifarsi a loro per rispondere ad una domanda sui vostri valori di lavoro. Vogliono sapere cosa è importante per te. Come descriveresti la tua etica del lavoro? Che cosa ti ricordi sempre quando il gioco si fa duro sul lavoro? Questa è un'altra domanda specifica e ci sono alcuni modi in cui puoi rispondere. Ecco uno di loro:

Un valore che è importante per me è la perseveranza. A volte le cose non vanno come pianificato, e si possono avere momenti di sconforto, ma sono sempre pronto a riprovare e ritentare quando qualcosa non va per il verso giusto. Se qualcosa non funziona in modo corretto, allora cerco un modo diverso per risolvere il problema. Più mi impegno a rimettermi in piedi e ricominciare da capo le sfide, più di solito mi è facile raggiungere i miei obiettivi. Anche se fallisco nove volte, c'è sempre la decima volta in cui ottengo un risultato vincente, quindi è sempre importante per me continuare a provare fino al raggiungimento dell'obiettivo.

Come gestisci bene le critiche? Pensi che la critica sia importante?

La critica è importante perché è ciò che ci aiuta a migliorare. Alcune persone non amano essere criticate e pensano sempre che una critica significhi che qualcuno li sta attaccando personalmente. Questo può creare un ambiente di lavoro ostile. Per questa domanda, la persona che conduce il colloquio vuole assicurarsi che tu sia consapevole del valore e dell'importanza della critica e del fatto che sarai in grado di gestirla se qualcuno ti fa un discorso mentre sei sul lavoro.

Questa è una buona risposta a questo tipo di domanda:

Sono in grado di gestire le critiche costruttive e di ascoltarle attentamente. Ammetto che non mi è sempre facile ascoltare le cose che potrei aver fatto male, ma capisco l'importanza delle critiche e le apprezzo perché mi aiutano a poter crescere in una versione migliore di me stesso. Penso anche che sia fondamentale trovare il modo di avere una comunicazione aperta all'interno dell'ufficio, in modo che tutti possano sentirsi a proprio agio a migliorarsi a vicenda come deve fare una squadra vincente.

Come sarebbe un giorno perfetto della tua vita?

Gli intervistatori lo chiederanno perché vogliono conoscerti a livello più personale. Vogliono avere un'idea di come sei come persona.

Mostrate la vostra personalità e siate onesti. Se alla fine della giornata siete stati soddisfatti di quello che avreste potuto fare, allora quella potrebbe essere stata la vostra giornata perfetta. Cosa avete fatto?

Direi che la mia giornata perfetta prevede prima di tutto una mattinata tranquilla e una grande colazione perché mi piace prendermi del tempo per me stesso. Poi, farei comunque qualcosa di utile, anche se si tratta solo di piegare la biancheria, perché quando non lavoro mi piace comunque fare qualcosa di produttivo per farmi sentire bene con me stesso. Probabilmente mi prenderei un po' di tempo per rilassarmi, magari ascoltando musica o guardando qualcosa in TV. A seconda del giorno della settimana forse andrei a fare un po' di shopping o organizzerei una bella cena, o forse mi fermerei semplicemente per una serata al cinema con un amico. Il mio giorno perfetto è quello in cui posso sperimentare qualcosa che, per quanto piccolo, sia un po' diverso da quello che ho fatto il giorno precedente.

In quale ambiente ti trovi meglio?

Questa è una domanda importante perché la useranno per valutare se tu farai bene o meno in un particolare ambiente di lavoro. Alcune persone riescono a rendere bene in un ambiente frenetico, mentre altre hanno bisogno di silenzio completo e di essere da sole se vogliono ottenere buone prestazioni. Cerca di essere generale con la tua risposta, dato che non sei consapevole della situazione in cui potresti trovarti a lavorare e condividi anche le tue capacità di adattamento.

Considera la possibilità di dire qualcosa come la seguente risposta:

Di solito rendo meglio quando sono in un ambiente dove si collabora al fine di crescere tutti insieme. Allo stesso tempo mi piace lavorare in modo indipendente, ma è sempre bello avere un team di supporto per offrire idee quando ne ho bisogno e soluzioni quando potrei avere un problema. Mi piace un ambiente frenetico perché fa passare il tempo più velocemente, ma mi piacciono anche i momenti più lenti e calmi, così da potermi concentrare sui dettagli del mio lavoro. Mi adatto facilmente a qualsiasi ambiente apprezzandone i vantaggi e lasciandomi scivolare addosso eventuali lati negativi.

Riesci a rendere bene sotto pressione?

Ci saranno momenti di pressione in ogni ambiente di lavoro. Chiaramente, riuscire ad avere ottime performance in queste situazioni sarà più importante per una posizione come quella di un autista di un'ambulanza piuttosto che per qualcuno che potrebbe prendere appuntamenti in una spa. Tuttavia, anche nei lavori più rilassanti e occasionali, è comunque necessario sapere come gestire una situazione se le cose non vanno completamente come ci si aspetta. Ecco qualcosa che vi aiuterà a garantire che la persona che fa il colloquio sappia che può fidarsi di voi anche nel caso vi troviate sotto pressione:

Penso di fare bene per la maggior parte del tempo in questo tipo di situazioni. Anche quando tutto sembra andare storto, so che è meglio fare un passo indietro e trovare la soluzione giusta piuttosto che lasciarmi prendere dal panico.

Quanto sei tecnologicamente esperto?

Variazioni: Come sei con il software X o quali tipi di software ti sono familiari?

Se ti candidi per una posizione che richiede l'utilizzo di nuove tecnologie, devi presentarti all'intervista completamente preparato. Questo significa che devi aver già imparato le basi per quanto riguarda il tipo di tecnologia che utilizzano. Al giorno d'oggi, puoi trovare un sacco di video tutorial gratuiti online su come utilizzare questi tipi di software, in modo da investire un po' di tempo per affinare le tue competenze. Se pensi di aver bisogno di maggiore aiuto, allora puoi iscriverti a un corso di formazione o chiedere a un amico esperto di tecnologia di farti da tutor.

Una volta che si è dotati del giusto know-how, si dovrebbe quindi tenere un elenco mentale di tutti i software che è possibile utilizzare bene, o che dei quali si conoscono bene le basi. Si dovrebbe anche indicare casi molto specifici di quando li avete usati, il che non vuol dire per forza in un ambiente di lavoro.

Sono abbastanza abile nell'uso del software X, specialmente quando ero addetto a rispondere alle e-mail dei clienti e alle richieste telefoniche. Conosco anche il programma Y e l'ho trovato molto utile quando ho dovuto progettare la brochure aziendale qualche mese fa.

Oppure potresti semplicemente dire che hai imparato l'uso del software Z perché ti serviva per creare un foglio di calcolo per la gestione delle spese del tuo condominio.

In quest' ultimo caso mostreresti abilità anche nel problem solving e voglia di imparare cose nuove in autonomia.

Qual è il tuo stile di lavoro preferito? Preferisci lavorare da solo o in gruppo?

Un datore di lavoro pone questa domanda per valutare se vi troverete bene in sintonia con i requisiti del lavoro. Alcune posizioni lavorative richiedono che uno lavori da solo mentre altri richiedono che i membri dello staff lavorino insieme ogni giorno.

Questa domanda è a risposta aperta e dovete mostrare il vostro stile di lavoro ideale e spiegare le motivazioni e come vi sentite a lavorare in determinati modi. È sbagliato ingannare il datore di lavoro, perché potresti anche essere assunto, ma questa risposta può farti finire a lavorare in un luogo infelice. Ne vale la pena?

Lavorare in team può sembrare la risposta più ovvia, poiché, dopo tutto, la collaborazione è fondamentale per il raggiungimento degli obiettivi aziendali. Evitate però di dire chiaramente che lavorate in gruppo, poiché questa risposta potrebbe inviare come segnale una bandiera rossa al datore di lavoro, suggerendo che non riuscireste a lavorare in modo indipendente.

Inoltre, evitate di dire lavoro meglio da solo, poiché potrebbe sembrare che non vi piacciano le persone intorno a voi e non sareste disposti a collaborare.

Piuttosto, menzionate la vostra preferenza, ma dite che siete flessibili. Ricordati di indicare gli aspetti positivi da entrambe le parti. Per esempio, si potrebbe dire: Per la maggior parte, preferisco lavorare in modo indipendente per rispettare le mie scadenze, ma mi piace il lavoro di gruppo per stimolare nuove idee. Sulla base del progetto in questione, mi piace fare brainstorming con i miei colleghi, ma posso anche lavorare in modo indipendente e completare ugualmente i miei compiti in tempo.

Cosa faresti se il tuo manager ti ordinasse qualcosa che è contrario ai tuoi valori?

Variazione: E se il tuo manager ti chiedesse di fare qualcosa che va contro i tuoi principi?

La risposta comune è quella di chiedere all'intervistatore di spiegare che cos'è quel qualcosa, ma la verità è che in realtà non è questo il punto. Ciò che conta di più per l'intervistatore è che si è a conoscenza dei valori dell'azienda e si deve essere lì per sostenerli. Quindi quello che si può dire, invece, è quello di spiegare come si gestirebbe la situazione con gli interessi dell'azienda in mente.

Naturalmente in realtà, non si farebbe mai davvero nulla che sia contrario ai propri principi. Tuttavia, le possibilità che i vostri principi siano in linea con quelli dell'azienda sono comunque alte.

In primo luogo, metterò a confronto il compito che il capo vuole che io faccia con i principi che l'azienda sostiene. Se sono in linea, allora dovrei farlo anche se è contro il mio punto di vista personale. D'altra parte, se il compito va contro gli interessi dell'azienda, allora sarei costretto a domandargli spiegazione.

Comunque sia conosco i principi e la moralità della vostra azienda, e dato che i principi sono in linea con i miei ritengo difficile che una simile situazione si possa verificare.

Quanto spesso vai in licenza per malattia?

Variazioni: Com'è il tuo stato di malattia o Com'è il tuo stato di assenteismo?

Gli intervistatori temono di assumere sia chi arriva sempre in ritardo, sia chi si prende spesso un paio di giorni di ferie per un qualsiasi motivo. Naturalmente, a questa domanda puoi rispondere facilmente se hai un trascorso veramente buono (con poche assenze per malattia negli ultimi anni, per esempio).

Ma, se avete un bel record di assenteismo o malattia, allora dovete essere pronti a dare una ragione solida per questo. Assicuratevi di sottolineare che questo problema è stato risolto e non potrò più influenzare le vostre prestazioni e la vostra presenza al lavoro. Non fingere mai e sii sincero perché il tuo intervistatore potrà facilmente fare verifiche in merito.

L'anno scorso, ho dovuto prendermi due settimane di ferie perché mi è stata diagnosticata la malattia XYZ. Tuttavia, mi sono completamente ripreso da questa situazione e vi assicuro che non ci saranno più problemi come questo.

Hai mai affrontato un dilemma etico e cosa hai fatto?

C'è solo una risposta sbagliata a questa domanda: che non avete mai affrontato un dilemma etico. Questo può indicare all'intervistatore che non avete comprensione dei valori etici, perché anche i bambini si sono trovati di fronte alla decisione di confessare o nascondere le loro azioni. Un collega precedente potrebbe averti chiesto di mentire per proteggerlo o un capo potrebbe aver esagerato i numeri per raggiungere l'obiettivo. Se non avete affrontato un problema di questo tipo sul posto di lavoro, ricordate qualcosa che sia accaduto ai tempi quello dell'università o nella vostra vita privata. Fornisci inoltre all'intervistatore i fatti senza fare mai nomi e inoltre non mostrarti mai emotivo rispetto alla storia. Limitati a comunicare la situazione, il motivo per cui si è trattato di un dilemma etico e quale sia stata la vostra azione o risposta.

Perchè non lavori da così tanto tempo?

In altre parole, gli intervistatori ti chiedono perché sei stato senza lavoro. La domanda dimostra che l'intervistatore è scettico. Potresti ritenerla una domanda scoraggiante a causa della sua natura offensiva. Il responsabile delle assunzioni in questa domanda implica infatti alcune cose, come avere un problema con i vostri precedenti datori di lavoro, essere distratti da altre attività, non essere sufficientemente motivati per ottenere un lavoro, o non essere abbastanza competenti.

È importante sapere che la domanda è progettata per testare la tua resilienza. L'approccio migliore da adottare è quello di rispondere con calma e con i fatti. L'intervistatore vuole una garanzia da voi che possedete iniziativa anche se eravate disoccupati.

Nel rispondere alla domanda, siate responsabili e non lamentatevi, tra le altre cose, del mercato del lavoro, dello Stato e del tasso di disoccupazione.

La risposta migliore sarebbe quella di dichiarare che sei stato attivo nella mia ricerca di lavoro, e che mantieni le tue competenze aggiornate attraverso gruppi di business networking, social media e volontariato.

La risposta deve mostrare che sei qualcuno che sarebbe entusiasta di far parte dell'azienda. Inoltre, si può rispondere che sei stato costantemente a caccia di lavoro e fatto molti colloqui, ma che vorresti trovare l'opportunità più appagante prima di iniziare un nuovo percorso lavorativo.

Capitolo 14: domande rischiose

Qui ci sono alcune domande più complicate che possono essere poste una volta che la parte principale del colloquio è stata portata a termine:

Cosa ti piace del tuo capo?

Rispondi a questa domanda pensando a qualità ammirevoli che, una volta apprese, ti aiuteranno a svolgere meglio il tuo lavoro. Le risposte ideali includono creatività, senso di leadership, chiarezza, efficacia della comunicazione, diligenza e organizzazione.

Se poteste incontrare qualcuno, morto o vivo, chi scegliereste?

Questa è una domanda popolare che sentiamo spesso chiedere anche al di fuori del contesto delle interviste professionali. Assicuratevi di avere una risposta pronta. Siate onesti e non cercate solo qualcuno di ovvio. Può essere facile voler dire, Gesù, o un ex presidente o un'altra figura forte. Queste sono buone risposte! Ma sono anche risposte che altri possono dare. Ti consiglio di cambiare e distinguerti dalle solite risposte e fare il nome di qualcuno con cui saresti veramente interessato a incontrarti e avere una conversazione. Ricordati sempre di fornire il perché vorresti incontrarlo.

Ipotizziamo Leonardo Da Vinci, potrebbe essere interessante incontrarlo sia per la sua grande inventiva e la capacità di anticipare i tempi, sia perché ti potrebbe essere d'aiuto per potenziare il tuo atteggiamento che è già di per sé curioso e sempre alla ricerca di strade nuove per migliorare.

Cosa non ti piace del tuo capo?

Ora, questa è una domanda difficile. In realtà, qualsiasi domanda che ti chiede di dire qualcosa di negativo sul tuo capo, sul lavoro, su un'altra persona o anche su te stesso è una domanda piuttosto difficile. L'idea è quella di rispondere in modo sufficiente alla domanda senza sembrare un tipo difficile. Una buona risposta è qualcosa del tipo: il mio capo è un leader incredibile, ma il suo ruolo gli impone di viaggiare molto, quindi vorrei che potesse passare più tempo in azienda in modo da poter imparare di più da lui.

Qual è il tuo ambiente di lavoro ideale?

Una buona opzione è quella di illustrare un ambiente di lavoro simile il più possibile a quello presente nell'azienda in cui ti stai candidando, ma in generale, si può dire qualcosa come, un ambiente di lavoro ideale è quello che promuove l'eccellenza, l'apprendimento e lo sviluppo continuo, il lavoro di squadra e l'innovazione. Una cultura organizzativa che aiuta a far funzionare i suoi membri al meglio delle loro capacità è destinata ad essere efficiente.

Non dire che per te il massimo sarebbe lavorare all'aria aperta quando stai facendo un colloquio per un posto da segretaria al quindicesimo piano di un palazzone.

Che tipo di sviluppo professionale ti aspetti?

Siate realistici nel rispondere a questa domanda. Evitare di desiderare troppo poco o troppo. Si può dire qualcosa come, mi aspetto uno sviluppo di carriera che incoraggi una relazione lunga e sana tra il datore di lavoro e i suoi dipendenti. Una formazione professionale periodica, ottime valutazioni, la partecipazione a vari aspetti dell'azienda e le promozioni basate sulle prestazioni lavorative effettive sono di certo le principali cose che desidero avere.

Che ne dici di dover lavorare con qualcuno più giovane di te?

Non è più sorprendente vedere giovani che occupano posizioni di alto livello in un'azienda. Nel rispondere a questa domanda, assicurati di illustrare che l'età non è un problema per te, e che non hai remore a lavorare per qualcuno più giovane di te. Dopo tutto, sia i giovani che gli anziani possono imparare gli uni dagli altri.

Hai un desiderio da esprimere adesso, cosa vorresti?

Questa è una gran bella domanda e può rivelare quanto velocemente una persona riesce a rispondere su due piedi. Una risposta spettacolare sarebbe quella di desiderare di avere desideri illimitati. Però potrebbe essere una risposta anche inflazionata ed usata da altri candidati, quindi non abbiate paura di essere creativi. Potresti desiderare una carta di credito con una quantità illimitata di denaro su di essa. Potresti voler scegliere direttamente chi sarà il prossimo Presidente Della Repubblica. Forse desideri semplicemente che tutti i tuoi amici e familiari vivano una vita felice. Qualunque cosa sia, prova a scegliere adesso la prima cosa che ti viene in mente. Se pensate sia un desiderio ragionevole e professionale, sviluppalo e portalo con te al colloquio.

Come gestiresti dipendenti più anziani che lavorano sotto la tua direzione?

I professionisti del reclutamento sono attenti nell'assumere i dipendenti più giovani che si occuperanno dei colleghi più anziani. Ricorda che si può essere più anziani sia come età, sia come anzianità aziendale, sia per entrambi i casi. Nel rispondere a questa domanda, sarà utile citare le vostre esperienze di lavoro passate con colleghi più anziani con i quali avevate rapporti diretti. Citate inoltre il vostro stile di leadership e le vostre qualifiche che serviranno a rassicurare il vostro intervistatore che potete andare tranquillamente d'accordo con i dipendenti senior.

Con quali tipi di persone lavorate meglio?

Dimostrate che siete flessibili affermando che vi piace lavorare con diversi tipi di persone, ma che naturalmente la preferenza (è una cosa naturale) va sempre verso persone che sono simili a voi – persone motivate, disciplinate, entusiaste e concentrate.

Con che tipo di persona non vorresti lavorare?

Questa è una domanda più delicata perché è un'opportunità per voi di lamentarvi e dire qualcosa di negativo. Rispondete bene a questa domanda affermando che non avete incontrato nessuno con cui non potreste lavorare, ma che potete immaginare che non vorreste lavorare con qualcuno che è disonesto o pigro e che, se doveste farlo, farete comunque del vostro meglio per trarre il massimo dalla situazione.

Che libri leggi?

È la terza volta che scrivo questa domanda e non è un caso. La domanda sui libri è molto gettonata e può essere posta in vari modi. Questa domanda ha solitamente lo scopo di sapere come trascorrete il vostro tempo libero. Ad un certo punto, potresti voler citare rapidamente i titoli dei tuoi romanzi preferiti, ma è meglio rispondere a questa domanda menzionando i libri che hai letto per aiutarti a migliorare personalmente e professionalmente. Ad esempio i libri di self-help che aiutano la concentrazione, il pensiero positivo, la respirazione etc. possono essere validi in linea generale per qualsiasi lavoro. Ovviamente desterebbe ottima impressione dire che vi siete abbonati a una rivista che fornisce aggiornamenti costanti sul settore in cui avete intenzione di lavorare! Però deve essere vero, perché quella rivista potrebbe conoscerla anche il vostro intervistatore!

Qual è il tuo più grande errore che hai fatto a lavoro?

Ora, questa domanda è difficile e forse vorrai dire che non hai mai commesso un errore sul lavoro, il che sembrerebbe o che non sei abbastanza coinvolto o abbastanza esperto o che ti rifiuti di accettare o riconoscere un fallimento. Rispondi a questa domanda citando un errore specifico che ti ha fatto imparare qualcosa di valore e alla fine ha finito per migliorare la tua persona.

Per esempio, si può dire qualcosa del tipo: L'errore più grande che abbia mai fatto è stato quando mi è stato assegnato di fare una grande presentazione su un nuovo programma per i dipendenti di fronte ai nostri dirigenti. Ho messo la mia presentazione su una chiavetta USB, ma poi ho incontrato un problema tecnico e non avevo un backup a portata di mano. Ho dovuto chiamare mia sorella che mi ha inviato la presentazione via e-mail. A causa di questo errore, ho fatto aspettare i dirigenti per circa trenta minuti. Sono stato fortunato che il mio team ha apportato alcune modifiche al programma, ma ho passato un brutto momento per la mia negligenza. Da allora in poi, ho sempre fatto una copia di backup.

Come si risolvono I conflitti sul lavoro?

La chiave per rispondere a questa domanda è una comunicazione efficace. Parlare di come affrontare i problemi a portata di mano, invece di concentrarsi sugli errori delle persone. Parlare di idee, di come cercare di trovare soluzioni e risposte insieme invece di perdere tempo a puntare il dito.

Come ti descriverebbero I tuoi amici?

Dai da tre a cinque aggettivi che parlano di ciò mostrando il tuo lato ammirevole. Per esempio, puoi dire che i tuoi amici ti descrivono come affidabile, laborioso e gentile. Queste sono tutte qualità che possono tornare utile nell'ambiente di lavoro.

Hai pensato a come prepararti a questo lavoro?

La risposta, naturalmente, dovrebbe essere SI'. Mostrate il vostro interesse per questo ruolo attraverso una serie di cose che avete fatto da quando avete saputo dell'opportunità di poter lavorare con loro. Puoi menzionare ad esempio la lettura di libri in tema con quel lavoro, un corso di formazione che hai seguito online o alcuni video che hai visto su YouTube oppure che hai visitato alcuni negozi della loro catena per verificare l'ambiente di lavoro. In pratica qualsiasi cosa possa essere attinente a quel determinato lavoro.

Che tipo di leader saresti?

Una buona risposta a questa domanda deve includere l'essere il tipo di leader che è proattivo, organizzato e influente.

Vuoi essere un leader che si prende cura del tuo team, che dà il buon esempio ed è in grado di prendere buone decisioni in diverse situazioni.

Mi fa un esempio di una situazione in cui ha guidato una squadra?

Lo scopo di questa domanda è quello di ottenere un esempio concreto che dimostri la tua capacità di guidare una squadra. La tua risposta dovrebbe essere il più possibile sostanziale e puntuale, con un esempio reale, basato sull'esperienza personale. Spiega sia il progetto che il tuo ruolo nel team.

Preparati sempre in anticipo alle domande perché devi essere consapevole che va bene chiedere un po' di tempo per pensare, ma puoi usufruire di 10 o al massimo 20 secondi per trovare un buon esempio da proporre. Se non avete esperienze professionali potete portare anche esperienze scolastiche o extrascolastiche, ad esempio in vari progetti o eventi.

Cosa fai durante il weekend?

Un intervistatore fa questa domanda per scoprire se avete una sorta di equilibrio tra lavoro e vita privata. Vuole sapere com'è la tua vita al di fuori del lavoro. Una buona risposta può suonare così:

Voglio che i miei fine settimana siano produttivi e divertenti, e dato che di solito finisco tutto il lavoro che devo fare durante i giorni feriali, posso passare più tempo con la famiglia e gli amici senza pensieri che mi riportano con la mente in azienda. Guardiamo di solito i film oppure andiamo nei nostri posti preferiti o proviamo nuovi ristoranti. A volte, faccio anche volontariato per organizzazioni di beneficenza.

Capitolo 15: domande di chiusura.

Se venisse assunto, cosa cercherebbe di fare nei primi tre mesi di lavoro??

I datori di lavoro si pongono questa domanda per valutare come pensi di crescere nel tuo nuovo ruolo, quanto velocemente completerai il processo di inserimento, e gli obiettivi che hai stabilito per te stesso, specialmente se si tratta di un nuovo ambiente con una nuova sfida.

Ricordate che i primi tre mesi sono quelli in cui imparerete molto sulle vostre responsabilità, sui vostri leader e su tutto ciò che riguarda il vostro nuovo lavoro. Sarete in grado di adattarvi e inserirvi nell'azienda?

Una parte della vostra preparazione al colloquio (che dovreste fare con il dovuto anticipo) dovrebbe comprendere la conoscenza di quali saranno le particolari responsabilità lavorative e la struttura aziendale, così da poter allineare il tutto ai vostri obiettivi e alle vostre caratteristiche, per quindi poter rispondere più facilmente a questa domanda.

Chiaramente, più tempo ci vorrà per contribuire in modo significativo all'azienda, meno ammirevole sarà il vostro percorso di inserimento. Pertanto, evitate di essere vaghi o di dire che probabilmente necessiterete di più tempo per adattarvi al nuovo ambiente. I datori di lavoro oggi sono interessati ad avere personale veloce, innovativo e facilmente adattabile.

Una buona risposta sarebbe:

Oltre a conoscere il team e a sintonizzarmi pienamente nel nuovo ruolo, c'è molto di più che vorrei fare nei primi tre mesi. Nel primo mese, vorrei imparare il design dei nostri progetti di marketing. Il secondo mese vorrei già essere in grado di lanciare un progetto con la piena collaborazione di tutto il team, e dopo tre mesi, vorrei essere in grado di intervenire positivamente in tutto il processo di marketing.

Di conseguenza la scelta migliore sarebbe quella di unire una risposta generica ad una più particolareggiata in modo da dimostrare che, prima di essere assunti, voi avete già le idee chiare sul vostro ruolo.

Quali domande non ti ho fatto?

I datori di lavoro fanno questa richiesta per valutare il vostro interesse per il settore, il vostro entusiasmo e il vostro impegno per migliorare voi stessi come lavoratori. Vi offre l'opportunità di dimostrare la vostra capacità di decifrare le informazioni e stabilire tutto ciò che ritenete sia importante ma di cui ancora non avete discusso.

Evidenziare una cosa del genere è ciò che vi distinguerà e dimostrerà che avete le idee ben chiare e quanto siete diversi dagli altri candidati.

Assicuratevi di aver già discusso la vostra fase di sviluppo professionale, il modo in cui volete svilupparvi professionalmente in futuro e i vostri obiettivi a lungo termine.

Evitate di mostrarvi arroganti come se non aveste più nulla da imparare!

Che domande hai per me?

Quando l'intervista si conclude, è più che probabile che l'intervistatore ti chieda se hai delle domande per loro. Può sembrare che tu abbia coperto tutto nel corso dell'intervista, ma è fondamentale rispondere a questa domanda piuttosto che rifiutare.

La vostra risposta deve essere guidata dalla conoscenza di chi state intervistando. Se si tratta del vostro potenziale manager, potete porre domande sulle responsabilità della posizione. Se si tratta di personale delle risorse umane, tuttavia, potete porre domande generali sull'azienda.

Dovreste preparare un elenco di varie domande da porre durante questa fase, nel caso in cui alcune di esse vengano affrontate durante il colloquio. La vostra risposta a questa domanda vi dirà quanto siete stati entusiasti durante la conversazione.

Sulla società puoi chiedere:

- Potete parlare un po' della cultura aziendale?

- Quali sono gli obiettivi dell'azienda per il prossimo anno?

Sul ruolo puoi chiedere:,

- Potrei sapere di più sulle responsabilità quotidiane e sulla routine lavorativa?

- Qual è il principale indicatore del fatto che un dipendente si sta ben comportando, dal suo punto di vista?

Evita domande su argomenti come le attività fuori dal lavoro, la vita personale dell'intervistatore, cose minori a cui potresti rispondere da solo, così come sullo stipendio e i benefit.

Lavoreresti nei giorni festivi o nei weekend?

Per quanto semplice possa sembrare, questa domanda può effettivamente fare la differenza tra le persone da assumere e quelle da rifiutare. Alcuni settori industriali richiedono che i lavoratori siano flessibili e in grado di destreggiarsi tra lavoro e altri impegni a causa dei cambi di programma o a causa di orari di lavoro che talvolta possono essere più lunghi del previsto.

Alcuni suggerimenti per rispondere a questa domanda includono l'essere realistici riguardo al tempo a disposizione, ma comunque dare sempre una risposta positiva. Per esempio, si può dire di non aver problemi a lavorare nei fine settimana o durante le vacanze, a patto che lo si possa programmare il più presto possibile.

Inoltre mostrate i vostri limiti se sono insuperabili. I datori di lavoro hanno bisogno di poter avere fiducia in un candidato che può mantenere gli impegni nel tempo. Per esempio, si può dire che, a causa di impegni familiari, non ci si può impegnare a lavorare ogni fine settimana e tutte vacanza, ma di certo, se necessario, c'è disponibilità piena a farlo saltuariamente.

Non dite mai NO al vostro intervistatore altrimenti date l'impressione di non poter rinunciare a parte del vostro tempo libero per motivi di lavoro. Settori come il settore alberghiero richiedono la massima flessibilità oraria.

Mostra la capacità di essere flessibile nella tua giornata, indica che si dispone di capacità di gestione del tempo. Evita però di impegnarti in un programma che non puoi mantenere, e non mostrare più disponibilità di quanto necessario.

Come licenzieresti qualcuno?

Questa domanda controintuitiva si riceve soprattutto quando stai sostenendo un colloquio per una posizione dirigenziale. Il reclutatore vuole valutare se siete in grado di licenziare un dipendente se necessario oppure se vi limitereste ad ignorare il problema. Inoltre vuole capire se sareste in grado di difendere l'azienda ma anche il diritto alla riservatezza del lavoratore.

Cogliete l'occasione per dimostrare il vostro stile di gestione e ribadire le capacità di leadership (come l'intelligenza emotiva) che avete espresso nelle fasi precedenti del colloquio.

Dimostrate che non prendereste mai alla leggera il licenziamento di qualcuno.

Evitate di descrivervi come una persona cattiva e intransigente, piuttosto, mostrate di essere allo stesso tempo rispettosi ma anche fermi e pronti a spiegare chiaramente le ragioni che hanno portato a questa decisione.

Un modo ragionevole di rispondere è quello di dire qualcosa del tipo:

Cercherei innanzitutto di vedere se c'è qualcosa che posso fare per evitare di dover licenziare il lavoratore, sia parlando con lui che valutando le sue prestazioni passate.

Se si arriva al punto che devo rescindere il contratto, glielo comunicherei in forma strettamente privata senza che nessun altro dipendente ne venga a conoscenza e gli spiegherei il motivo della rescissione.

Capitolo 16: domande illegali alle quali non si deve rispondere

Ci sono alcune domande a cui non si dovrebbe mai rispondere perché sono scorrette e non dovrebbero essere poste. La maggior parte delle risorse umane aziendali e degli uffici di reclutamento non porrebbe mai tali domande, perché sono stati formati da team legali. Piccole aziende e manager inesperti possono però porre tali domande senza rendersi conto delle conseguenze legali. È sorprendente quanti intervistatori fanno ancora domande durante i colloqui che non hanno alcuna attinenza al lavoro. Qui ci sono alcuni esempi di domande illegali:

- Quanti anni hai (anche perché lo vede dal CV).

- Razza o etnia, religione, problemi di salute o Dove vivi?

- Sei sposato? Quanti figli hai?

- Sembri europeo - di dove è originaria la tua famiglia?

- Hai intenzione di creare una famiglia?

- Che tipo di assistenza all'infanzia avete per i vostri figli?

- Suo marito lavora?

- Quando ti sei diplomato al liceo?

- Devo rivolgermi a lei come signorina o signora?

Per rispondere (non rispondendo) a questi tipi di domande, avete in realtà un paio di opzioni:

- Si potrebbe rispondere dicendo ad esempio "mi dispiace ma non capisco cosa hanno a che fare i miei servizi di assistenza all'infanzia con la mia capacità di svolgere il lavoro di cui stiamo discutendo".

- Potresti spiegare che tali domande ti mettono a disagio perché sono illegali, ma vorresti dare all'intervistatore il beneficio del dubbio e supporre che forse l'intervistatore non è a conoscenza di ciò.

Se non si vuole far notare loro che la domanda è illegale, è possibile reindirizzare la domanda o rifiutare cortesemente di rispondere.

Accade anche che alcuni intervistatori, in modo bonario, chiedono informazioni sullo stato civile o sulla vita personale solo per rompere il ghiaccio.

Potrebbero quindi non rendersi conto che tali domande sono illegali. In questi casi, potete reindirizzare la domanda formulando voi una vostra domanda personale.

"Io sono sposata e ho due figli, lei?".

Capitolo 17: Quali sono le domande da porre?

È utile fare domande all'intervistatore sia per ottenere per informazioni aggiuntive sia perché ti faranno sembrare più impegnato e interessato. Di seguito ti elenco alcune domande che puoi fare all'intervistatore Ecco alcuni esempi:

Quali sono i compiti specifici che dovrei svolgere?

Questa è la parte in cui entri nei dettagli su ciò che la posizione per cui ti candidi richiede esattamente. Con questa domanda scoprirete anche se siete veramente all'altezza del lavoro proposto oppure se avete già pronte delle idee da proporre che possano mettervi in miglior luce rispetto ad altri candidati. Immaginate per esempio di candidarvi per un ruolo di responsabile marketing e mostrare già al colloquio una vostra idea per migliorare il sito aziendale in modo da avere più contatti da potenziali clienti.

Perché lei hai deciso di voler lavorare in questa azienda?

Con questa domanda dai una possibilità all'intervistatore di parlare di sé stesso e anche di vendere la propria azienda.

A te offre una visione di ciò che ha motivato il tuo futuro compagno di lavoro, il che sarebbe un bene per voi se scoprite che le sue motivazioni si allineano con le tue.

Aggiungerei anche, cosa la motiva a continuare a lavorare in questa azienda, ci sono stati miglioramenti per lei nel periodo in cui è stato qui?

In primo luogo, questo è un indicatore che hai già studiato il tuo intervistatore e sai che è stato in azienda per un po' di tempo.

Questa domanda ti aiuta a conoscere la flessibilità dell'ambiente di lavoro della tua futura azienda, le opportunità di crescita professionale e le opportunità di leadership.

Chi saranno i miei futuri colleghi di lavoro se sarò assunto?

Questa domanda vi dà un'idea di cosa vi troverete di fronte a voi se andrete a lavorare per loro.

Cosa sta cercando in un candidato per questa posizione lavorativa?

Questa è una buona domanda perché ti permette di avere un'immagine migliore di come sta andando l'intervista finora. Se l'intervistatore cita alcune o la maggior parte delle vostre qualifiche che corrispondono a ciò che stanno cercando, allora questa è una notizia incoraggiante. Egli può anche scegliere di indicare le qualifiche che non si hanno o che non sono state menzionate nel tuo curriculum. Quando ciò accade, approfitta a parlare di come sareste in grado di compensare queste carenze per soddisfare tali requisiti.

Perché cercate qualcuno da assumere in questo ruolo?

Con questa domanda mostri loro che non sei una persona che si limita a trovare un lavoro senza conoscere il motivo che spinge l'azienda a cercare nuovo personale.

La domanda ti aiuterà anche a capire se si tratta di un nuovo ruolo o di un potenziamento oppure di una semplice sostituzione di una persona che ha lasciato il suo posto di lavoro. Un nuovo ruolo può indicare che l'organizzazione è in crescita mentre un ruolo di sostituzione richiederebbe qualche spiegazione sul perché il precedente dipendente ha lasciato. Questa domanda offrirà anche una visione d'insieme per capire se ci sono opportunità di promozione interna e persino prevedere eventuali insidie.

Come si è modificato nel tempo questo ruolo?

Porre questa domanda dimostra loro che sei interessato al futuro dell'organizzazione.

È fondamentale porre questa domanda per sapere come la tua futura posizione si è evoluta nel tempo in vari aspetti, come ad esempio le responsabilità. Si può anche avere un'idea di come si potrebbe ulteriormente sviluppare.

Qual è il percorso professionale tipico di una persona assunta in questo ruolo?

Questa domanda mostra al datore di lavoro che per te non si tratta di un semplice posto di lavoro, ma fa vedere che sei una persona che preferisce avere degli obiettivi e che sei concentrato e pronto a impegnarti nel tuo percorso professionale. Fa capire loro che sei una persona determinata e che pensa al futuro.

Inoltre questa domanda ti chiarirà come la posizione può far progredire la tua carriera e la direzione che potrebbe prendere.

Potrebbe parlarmi della procedura di reclutamento/assunzione? (ti permette di conoscere il passo successivo)

Questa è una domanda valida che vi darà informazioni su cosa aspettarvi dopo il colloquio. Potrai conoscere i passi successivi, come ad esempio se dovrai sostenere altre prove o quante altre persone dovranno intervistarti. Queste informazioni sono essenziali perché, ovviamente, più si sa, meglio ci si può preparare.

Quali sono le principali responsabilità di questa posizione?

Solitamente hai già un'idea in merito ma chiedere lumi in modo diretto ti aiuta a capire quali saranno le tue eventuali responsabilità se dovessero assumerti. Ti forniscono una visione migliore della posizione lavorativa offerta rispetto alla semplice descrizione del lavoro, vaga e accattivante, che hai avuto modo di leggere prima di presentarti al colloquio.

A chi dovrò riferire in questa posizione?

Va da sé che il vostro potenziale capo avrà un impatto importante sulla vostra carriera e determinerà in modo importante il vostro futuro in azienda. Pertanto, questa domanda mostra ai datori di lavoro che siete desiderosi di conoscere il vostro capo e che non vedete l'ora di stabilire un adeguato rapporto di lavoro con lui.

Quali sono le sfide o i problemi che potrei incontrare in questo ruolo?

Questa domanda mostra al responsabile delle assunzioni il vostro interesse per quella posizione, come se vi sentiste già assunti. È anche un buon segno per loro dimostrare che si è pronti già da ora ad affrontare eventuali ostacoli lungo il corso del vostro lavoro.

Porre la domanda ti aiuta a capire anche gli aspetti meno attraenti del lavoro, compresa la politica interna o eventuali colleghi di lavoro difficili. Queste informazioni possono essere utilizzate per valutare se il lavoro è davvero adatto a te o se sei in grado di affrontare le difficoltà.

Il lavoro è prevalentemente individuale o di gruppo?

Questa domanda fa luce su qualsiasi lavoro interdipartimentale e ti fornisce anche l'occasione di capire se potrai contare su collaboratori che possono essere facilmente richiesti per assisterti in caso di necessità.

Ha qualche domanda sulle mie qualifiche?

Questa domanda ti mette in buona luce in quanto dà al tuo intervistatore la possibilità di chiederti tutto ciò che potresti aver menzionato nel tuo curriculum e che non è stato trattato nella vostra conversazione e che potrebbe impedirgli di assumervi.

Questa domanda vi offre la possibilità di fare chiarimenti su sue eventuali preoccupazioni e comunque ti pone come una persona decisa e sicura di sé.

Quanto tempo devo attendere per ottenere una risposta riguardo questo colloquio?

Porre questa domanda indica anche che siete fiduciosi nel buon esito del colloquio e quindi di essere all'altezza del ruolo.

Anche se non otterrete una risposta definitiva, avrete un'idea di quanto tempo impiegherà il datore di lavoro per rispondere ai candidati.

Qual è il codice di abbigliamento aziendale?

In questo modo è possibile conoscere la cultura aziendale. L'abbigliamento molto formale può essere associato ad un'atmosfera formale, mentre l'abbigliamento casual è normalmente associato ad un ambiente di lavoro più amichevole.

Perché la posizione è vacante? Si tratta di una nuova posizione aperta o si tratta di sostituire qualcuno? Se si tratta di una

posizione sostitutiva, quante volte la posizione è stata occupata negli ultimi anni?

Questo può essere un ottimo indicatore della qualità complessiva. Un tasso di turnover anormalmente alto può essere un indicatore di cattiva gestione o di una posizione lavorativa poco brillante.

Quante persone avete già intervistato per questa posizione?

Un gran numero di colloqui potrebbe essere un segno che l'azienda sta solo vedendo chi è disponibile. Ma se il numero vi sembra elevato, chiedete perché gli altri candidati non sono risultati adatti. Questo vi permetterà di adattare il resto del colloquio in modo da coprire questi punti chiave.

In che modo l'azienda vi aiuta a raggiungere i vostri obiettivi?

È a vostro vantaggio sapere in anticipo come l'azienda valuterà il vostro contributo al lavoro. Questo è particolarmente importante se desiderate aumenti o bonus legati a obiettivi personali. Un esempio di questo potrebbe essere quello di vendere più di un certo numero di prodotti ogni sei mesi per guadagnare un bonus economico. È un grande segnale se l'azienda ha risorse aggiuntive per aiutarvi e spingervi a raggiungere i vostri obiettivi. Può essere anche interessante la presenza di sessioni di formazione o l'assegnazione di un mentore per assistervi e guidarvi verso l'obiettivo.

Cosa ti aspetteresti che realizzassi nei miei primi 3 mesi di lavoro con te?

Come abbiamo già visto, questa è una domanda che l'intervistatore di solito vuole porre, ma spesso non lo fa a causa dei vincoli di tempo. Se non lo fa, allora dovresti farlo tu stesso. Facendo questa domanda, l'intervistatore avrà l'impressione che tu voglia davvero fare la differenza.

Cosa motiva le persone della vostra azienda a ricercare l'eccellenza nel proprio lavoro?

Ponendo questa domanda si ha l'impressione di essere un candidato desideroso di aiutare l'azienda ad avere successo. Quello che vuoi scoprire è se ci sono programmi di coinvolgimento dei dipendenti che fanno la differenza e guidano verso l'ottenimento dei risultati.

Quali sono i vostri progetti a più alta priorità e come vi aspettate che io contribuisca al vostro successo?

Con questa domanda, il vostro intervistatore penserà a voi come a un candidato molto serio che non è alla ricerca di qualsiasi lavoro su cui può mettere le mani. Piuttosto, l'immagine che proiettate con questa domanda è quella di un uomo con uno scopo che cerca un lavoro importante e che vuole contribuire attivamente al successo aziendale.

Qual è la sfida più grande che altri dipendenti in passato hanno affrontato?

Questa è una buona domanda che può aiutare a dimostrare ai datori di lavoro che non avete paura di affrontare le vostre responsabilità. Avete infatti messo in preventivo che ci saranno delle sfide, e quindi dimostrate che siete preparati per questo!

Qual è la responsabilità più importante che avrò?

Con questa domanda sarete in grado di avere un'idea di quale saranno le vere responsabilità che avrete. Coloro che vengono intervistati si concentrano sempre ad apparire al meglio, ma anche la persona che conduce il colloquio farà la stessa cosa! Loro desiderano che il lavoro offerto sia percepito come un bel lavoro, in modo che possiate sceglierli se avete dubbio tra loro ed altre aziende. Questo ti aiuta a dimostrare che sei preoccupato di conoscere le responsabilità che avrai anche per essere sicuro che sia il lavoro giusto per te. Può essere che sia l'unica occasione che al momento hai tra le mani, può essere che daresti un braccio pur di essere assunto, ma quando fai tu le domande devi mostrarti come una persona in grado di poter effettuare delle scelte, anche quella di non voler lavorare con loro.

Com'è la squadra dei dipendenti attuali?

Questa domanda ti dà un'idea del tipo di dipendenti presenti in azienda e con cui potresti lavorare. Se siete alla ricerca di un ambiente di lavoro in cui fare amicizia o in cui non dovete parlare con nessuno, allora ciò vi darà una risposta sul fatto che quel determinato lavoro sia o meno in linea con il tipo di ambiente che ricercate.

In che modo la vostra azienda promuove la formazione e lo sviluppo continuo dei dipendenti?

Una domanda come questa sottolinea il vostro obiettivo e la vostra ambizione di diventare un professionista migliore, ponendo l'accento sull'apprendimento e lo sviluppo. Si noti che la domanda parte da "come", e quindi presuppone già che l'azienda promuova lo sviluppo dei dipendenti.

Quali sono le qualità che possono esservi d'aiuto?

Ci sono cose particolari che stanno cercando in un candidato e questa domanda chiarisce tutto. Devi essere specifico e questo ti dà anche la possibilità di valutare te stesso per vedere se hai davvero quelle qualità, ad esempio essere un buon giocatore di squadra, avere l'iniziativa, o semplicemente essere puntuale a lavoro.

Cosa le piace del lavoro qui?

Questo ti aiuta a scoprire quali sono le cose che l'azienda ha da offrire per invogliarti e motivarti a rimanere. Questo potrebbe includere benefit come incentivi per fare un ottimo lavoro, bonus di fine anno, attività celebrative e meeting dove riconoscono l'importanza di ogni singolo dipendente dell'azienda.

Quali problemi incontra di solito una persona con questa posizione?

Questa domanda vi aiuta a scoprire quali sono i problemi esatti che si incontrano solitamente in quella posizione lavorativa, in modo da riuscire ad anticiparli e quindi prepararvi ad affrontarli e, in ultima analisi, a risolvere questi problemi. È bene anche far capire al vostro intervistatore che siete già nell'ottica di calarvi nel problem solving aziendale.

Ha domande specifiche sulle mie qualifiche?

Questa domanda mostra all'intervistatore che siete aperti alle critiche e questa è un'opportunità per dimostrare che siete consapevoli delle vostre vulnerabilità come potenziale dipendente. Questo darà anche l'intervistatore la possibilità di evidenziare le lacune nel vostro curriculum e alle quali voi dovreste essere pronti a rispondere.

Capitolo 18: cosa non si dovrebbe chiedere

Ci sono determinati argomenti dei quali, seppur ti incuriosiscono, devi evitare di chiedere lumi sia perché ti farebbero sembrare che tu creda di avere già superato il colloquio, sia perché non si concentrano su aspetti importanti agli occhi del datore di lavoro. Vi preghiamo di non fare:

- Tutte le domande familiari o personali, indipendentemente dal fatto che ci siano o meno foto sulla scrivania che mostrano che il vostro intervistatore ha una famiglia.

- Qualsiasi domanda su benefit, stipendio, aumenti salariali, bonus, vantaggi dell'ufficio, tempo flessibile, ecc.

- Qualsiasi domanda sull'orario di lavoro, a meno che non ci siano turni fissi per questo ruolo e quindi sarebbe rilevante per stabilire se la posizione è adatta a voi.

- Qualsiasi domanda sul lavoro da casa, vacanze, giorni di riposo, ecc.

Evitate qualsiasi circostanza speciale di cui potreste aver bisogno di giornate libere. A meno che non si tratti di qualcosa che avrà un impatto sulla vostra capacità di lavorare ogni giorno, aspettate di ricevere l'offerta di lavoro per negoziare questo aspetto. Al momento dell'offerta di lavoro l'azienda ti vuole, hanno preso la loro decisione e saranno molto più inclini a prendere in considerazione circostanze particolari pur di assumerti. Evitare di chiedere informazioni sull'azienda che sono già disponibili. Non fare domande a cui si può dare risposta consultando la brochure aziendale o il sito web dell'azienda. Gli intervistatori sanno quali informazioni sono già fornite dall'azienda e possono pensare che non avete fatto le vostre ricerche. Ma se ci sono informazioni che non sono molto chiare in quelle messe a disposizione dell'azienda, potete porre domande a scopo di chiarimento.

Qui ci sono esempi di domande:

Ci sono buoni pasto o altre gratuità offerte al dipendente?

Non fate questa domanda perché vi fa sembrare più poveri del povero dato che, tra tante domande da porre, questa sembra la cosa per voi più importante.

Fate dei test antidroga?

A prescindere se sei o meno una persona che fa uso di "sostanze ricreative" che potrebbero comparire in un test antidroga, non chiederlo mai durante il processo di intervista. Fondamentalmente stai dicendo, io mi drogo!

Qual è la missione dell'azienda?

Questa sembra essere una buona domanda perché si sta mostrando interesse per l'azienda e per cosa rappresenta. Tuttavia, questa è una domanda a cui si può facilmente rispondere prima ancora di arrivare all'intervista. Solitamente includono la loro dichiarazione di missione nella procedura di candidatura vera e propria, o probabilmente l'hanno scritto almeno sul loro sito web. Chiedere questo può indicare che non avete fatto alcuna ricerca sulla società in anticipo.

Potrei lavorare da casa? Quanti giorni di malattia posso prendere?

Questa è una preoccupazione reale e qualcosa che potresti voler prendere in considerazione prima di accettare la posizione. Tuttavia, non devi mai far sembrare di non essere disposto a lavorare. Inoltre, non saprai mai quanti giorni di malattia ti serviranno, dato che non sempre possiamo prevedere quando siamo malati. Chiedere questo finirà per essere un segno evidente che si sta progettando di utilizzare alcuni di quei giorni di malattia per motivi diversi dall'avere un raffreddore o una febbre.

Qual è lo stipendio?

Se avete intenzione di decidere un lavoro sulla base dello stipendio, allora è meglio includere lo stipendio desiderato nella lettera di presentazione stessa. Se invece sei flessibile riguardo allo stipendio, non discutere l'argomento fino a quando non ti viene offerta la posizione.

Quante ore dovrò lavorare in una settimana? Devo lavorare nei fine settimana?

Domande sull'orario di lavoro e sugli straordinari significano che vuoi lavorare il meno possibile. Invece di questo, si può chiedere, qual è una tipica giornata lavorativa per una persona in questa posizione? Questa domanda può darvi un'idea dell'orario di lavoro.

Ci vuole del tempo prima di attendersi una promozione?

Questa domanda può significare che non sei interessato alla posizione attuale e stai solo aspettando un'offerta migliore. Invece di questo, potreste chiedere: Quali sono le opportunità di crescita in questa azienda?

PER FINIRE: sapere cosa dire e cosa non dire durante un colloquio di lavoro vi aiuterà ad essere

Conclusione

Grazie per essere arrivati alla fine di questo libro. Chissà da colloquio snervante uscirà il lavoro dei tuoi sogni! Ora che siete a conoscenza di tutte le cose che vi potrebbero essere chieste, è il momento mettere il tutto in pratica!

Allenatevi e fate in modo che altri vi facciano queste domande in modo da poter dare risposte ad alta voce. Riscrivere alcune delle domande qui presenti e che l'intervistatore potrebbe chiedervi in modo diverso, in modo da riuscire a rispondere velocemente anche se dovessero essere leggermente diverse. Pensate a nuove risposte e ricordate soprattutto il significato e non solo l'ordine delle parole che dovete dire. Al momento potreste essere sotto stress e non ricordare perfettamente la risposta, ma il significato non lo dimenticherete e vi aiuterà a trovare quella adatta.

Ricordate che alla fine della giornata ciò che conta di più è che vi distinguete dalla folla. Finché sarete autentici, non avrete nulla di cui preoccuparvi. Rileggi i capitoli di questo libro di tanto in tanto per rimanere sintonizzato sulle migliori domande che dovrai affrontare. Ma, cosa più importante, applica quello che hai imparato da questo libro alla tua prossima intervista. Hai imparato come superare in modo impeccabile le aspettative del tuo intervistatore e come presentarti come candidato ideale. Quindi vai avanti senza paura.

CPSIA information can be obtained
at www.ICGtesting.com
Printed in the USA
BVHW061709150421
605030BV00004B/922